((LIVE))

Os vídeos e o mundo virtual encurtarão o tempo até o sucesso... sucesso nas vendas, sucesso na vida e um legado.

Jeffrey Gitomer

Rei das Vendas

A melhor hora para começar um podcast foi dez anos atrás. A segunda melhor hora é agora.

Jeffrey Gitomer

Rei das Vendas

Dados de Catalogação na Publicação

JEFFREY, Gitomer.
LIVE: Transforme suas conexões virtuais em resultados reais, vendas e lucros / Jeffrey Gitomer.
2022 – São Paulo – M.Books do Brasil Editora Ltda.
1. Vendas   2. Mídias sociais   3. Desenvolvimento profissional
ISBN: 978-85-7680-348-5

Do original em inglês: Go Live
Publicado originalmente por John Wiley & Sons, Inc.

©2021 Jeffrey Gitomer
©2022 M.Books do Brasil Editora Ltda.

Editor: Milton Mira de Assumpção Filho

Tradução: Maria Beatriz Medina
Produção editorial: Lucimara Leal
Diagramação: 3Pontos Apoio Editorial
Capa: Isadora Mira

M.Books do Brasil Editora Ltda.
Todos os direitos reservados.
Proibida a reprodução total ou parcial.
Os infratores serão punidos na forma da lei.

JEFFREY GITOMER

Transforme Suas Conexões Virtuais Em Resultados Reais, Vendas E Lucros

M.Books do Brasil Editora Ltda.

Rua Jorge Americano, 61 - Alto da Lapa
05083-130 - São Paulo - SP - Telefone: (11) 3645-0409
www.mbooks.com.br

INTRODUÇÃO
O bilhete premiado do sucesso!

Você e eu vivemos numa época em que a inovação é o bilhete premiado do sucesso. Uma época em que a tecnologia cria oportunidades, conexões e grandes empresas em expansão, nascidas até nas menores cidades. Como a sua...

Falo por experiência própria. Com 18 anos, abri a minha primeira empresa, que me libertou de três empregos no varejo, nos quais eu trabalhava mais de noventa horas por semana. Foi o suficiente para eu pegar o vírus do empreendedorismo e, embora o marketing de rede não fosse o destino final, usei a capacidade de aprender e de aproveitar a internet e as mídias sociais para vender o meu produto e me vender.

Desde então, segui alguns caminhos até encontrar meu lugar de profissional de marketing digital. Aí, caí de cabeça nos podcasts. Eu sabia que estava em casa.

Em vez de seguir a matilha e fazer o que já tinha visto no setor de podcasts, eu me perguntei: onde há espaço para inovações? Onde posso transformar o podcast num espaço extremamente eficaz para preparar e nutrir o meu público e me conectar com ele para transformá-lo em compradores ferozmente leais?

Questionei tudo.
Avaliei tudo.
Agi e comecei a vencer.

O espaço da internet e as ferramentas à minha disposição como profissional de marketing, mesmo tendo largado a faculdade, me permitiram construir em pouco menos de um ano uma empresa com receita de centenas de milhares de dólares. E, para dar o quadro total, tudo partiu de um quarto de hóspedes transformado em escritório, com um laptop além do seu tempo de vida numa cidadezinha minúscula do estado americano de Indiana. Uma cidade tão pequena, na verdade, que a minha lista de e-mails tem mais habitantes.

Quer saber? Não sou mais exceção... Sou a nova regra.

Hoje, as ferramentas digitais à disposição do dono de uma empresa são vastas, muito superiores, mais fáceis de usar e tão capazes de mudar sua vida quanto foram para mim.

O jogo ao vivo, digital e virtual está mudando, e você tem uma oportunidade espantosa e não utilizada de aprender a aproveitar o seu tempo, a sua criatividade e os serviços para fazer diferença — ao mesmo tempo que procura liberdade financeira para si, do mesmo jeito que consegui a minha.

O segredo, e essa é a parte complicada, é que você tem de amar o que faz, se dispor a mergulhar fundo, cometer erros e aprender pelo caminho. Não há ninguém melhor para lhe ensinar do que o Rei das Vendas em pessoa.

Quando entrei numa reunião com Jeffrey e Jennifer pelo Zoom, não vou mentir: eu estava nervosa. A mão suava e o coração dava algumas batidas a mais enquanto eu esperava para entrar na sala.

Fiz a auditoria do seu podcast *Sell or Die* ("venda ou morra"). Embora eles tivessem milhões de seguidores, empresas de sucesso e fossem autores de *bestsellers*, o que vi era extremamente típico do setor de podcasts.

Era idêntica a todas as outras auditorias que fiz antes, para ser completamente franca (e o pessoal do meio-oeste é completamente franco). Um ótimo podcast — mas qual a sua utilidade em termos de construir a empresa deles?

Praticamente nenhuma.

Nunca tenho certeza de qual será a reação inicial quando dou a notícia: "Ei, precisamos refazer completamente o modo como vocês usam o podcast."

Mas Jeffrey e Jennifer Gitomer conhecem o poder da criatividade e da inovação. Eles entendem o poder de questionar o *status quo* para procurar um jeito melhor e depois, agir.

Eu me lembro de passar dias e até semanas recebendo mensagens deles falando do que tratamos naquela reunião pelo Zoom e que a ficha continuava caindo. Grandes mudanças e descobertas surgiram quando começamos a trabalhar juntos nessa nova direção, continuando a trabalhar melhor a cada semana.

É duro pensar que todo o setor virtual de lives e podcasts esteja fazendo tudo errado. A gente assiste aos nossos mentores, às pessoas que admiramos, e todo mundo em volta faz um webinar ou começa um podcast da mesma maneira. A gente pensa: "Deve ser assim que se faz. É isso que gera sucesso no espaço online. Então é só trabalhar para reproduzir os passos que eles deram." Ei, nem tanto.

Esse é o caso de tudo nos negócios, não é?

A gente observa e imita. Segue quem tem status, sucesso no Twitter, propostas para lançar livros. Podcasts e vida virtual devem ser a mesma coisa, não é? Não é?

Meu desafio: olhe por uma lente diferente e defina com clareza o que o sucesso virtual significa para você. No mundo das vendas online, quero que você jogue fora a noção de que popularidade = sucesso.

Meu marido e eu temos duas filhas de 3 e 5 anos. Quando conversamos sobre o nosso papel de pais na vida delas, sobre os nossos desejos mais profundos para elas, tudo sempre se resume na mesma coisa: queremos que sejam "felizes, saudáveis e bem-sucedidas na definição *delas*".

Essa definição não pode vir de nós; tem de vir delas. Assim como a sua definição tem de vir de você. Podemos guiar os filhos, mas, em última análise, o seu sucesso e a sua felicidade têm de vir das escolhas deles.

Como é o sucesso para **você**? Qual é a **sua** definição de sucesso? Com certeza não é a mesma de todo mundo.

O meu palpite é que a sua definição tem mais a ver com o impacto que você causa nos outros, no estilo de vida que tem ou busca ter e na ausência de um semiataque de pânico toda vez que olha a conta bancária.

Se também tivesse de adivinhar, eu diria que o número de seguidores, visualizações de vídeos ou comentários nas suas postagens no Instagram não entram nessa definição. Quando a gente se concentra em conexões, em dominar o marketing digital, na inovação e nas vendas trazidas pelo impacto, esses números não importam.

Popularidade não é = sucesso. Lembre-se sempre disso.

Jeffrey vai lhe ensinar o jeito de ser a nova regra num mundo que evoluiu mais depressa do que qualquer um poderia imaginar.

Domine os conceitos que ele compartilha neste livro e você conseguirá atrelar o poder das mídias sociais, dos vídeos e dos podcasts para vender em qualquer lugar, seja qual for o seu número de seguidores.

Está na hora de aparecer ao vivo! com a sua visão e reivindicar a sua versão de sucesso virtual.

Tara Counterman
Fundadora da Profitable Podcast Productions

PREFÁCIO
Eis o que há neste livro...

O Poder do Entendimento pela
clareza visível e audível.

VEJA-ME — VÍDEO — OUÇA-ME! Quem? VOCÊ!

Conte-me, fale comigo. Não me mande mensagens
de texto. Entenda-me melhor escutando o meu tom
de voz e ouvindo ou vendo as minhas emoções.

O custo de interpretar erradamente um
e-mail ou mensagem de texto.

O poder de transmitir emocionalmente e ser
entendido, receber concordância,
crédito e confiança.

O poder do podcast. Ter o seu próprio programa
com valor ilimitado de Marketing E Vendas.

Os Segredos da Lucratividade e do nosso podcast
Sell or Die, com dois milhões de downloads,
decompostos para entender e implementar
com facilidade.

As vendas e o valor monetário de fazer LIVES.

O valor e as estratégias de venda do mundo virtual.

O valor e as estratégias de venda dos vídeos.

Os seus próximos dez anos de estratégias de vendas emergentes...

2020-2030 é a Sua Época

A ÚNICA PALAVRA...

Quando digo "vídeo", que palavra lhe vem à mente?

Quando digo "faça seu próprio vídeo", que a palavra lhe vem à mente?

Quando digo "faça seu próprio vídeo e o mande a um cliente para fazer uma conexão ou uma venda", que palavra lhe vem à mente?

Quando digo "reunião virtual", que palavra lhe vem à mente?

Quando digo "ligação de vendas virtual", que palavra lhe vem à mente?

Quando digo "reunião pelo Zoom com o cliente ou possível cliente", que palavra lhe vem à mente?

Quando digo "comece seu podcast", que palavra lhe vem à mente?

Quando digo "faça uma live no Facebook toda semana", que palavra lhe vem à mente?

Quando digo "lance seu canal no YouTube", que palavra lhe vem à mente?

Quando digo "publique um story todo dia no Instagram", que palavra lhe vem à mente?

Quando digo "incorpore um vídeo a todos os e-mails de venda", que palavra lhe vem à mente?

Quando digo "acrescente um vídeo a todas as comunicações pelo LinkedIn", que palavra lhe vem à mente?

A palavra é AGORA! Se quiser duas palavras, elas serão... AGORA MESMO!

MAS, se eu lhe perguntasse "como está a sua habilidade virtual e em vídeo?", a sua resposta seria... "agora não!"

Jeffrey Gitomer
Rei das Vendas

P. S.: Verifique a sua agenda...

Este livro foi escrito em 2020 para a década seguinte, não para seis meses depois da pandemia global.

As datas podem variar... os princípios das novas estratégias de conexão, apresentação e vendas, não.

Lives, Mundo Virtual, Vídeos, Apresentações a Distância, Aprendizado a Distância e Venda a Distância ficarão por aqui pelo menos durante a próxima década e vão se intensificar com o passar dos anos.

Jeffrey Gitomer

SUMÁRIO

- Introdução: O bilhete premiado do sucesso! 7
- Prefácio: Eis o que há neste livro 11
- Estamos entrando numa nova era. Você está dentro? 19
- A sua foto está em foco? 23
- O relutante guerreiro virtual 26

Os seus 9,5 desafios para fazer lives 32

1. Domine a nova voz, a nova linguagem, o novo conteúdo e a nova estratégia de vendas 37

2. Domine o mundo virtual 38
- Cerque-se de um visual de primeira classe 38
- Custo? Nem queira saber. Mais perda de produtividade real 42
- Quanto vale o seu tempo (vendendo)? 43
- A minha LIVE pode ser a sua LIVE 46
- Joe Soto, *Como fazer lives cria no seu negócio um efeito cascata de geração de receita* 50

3. Domine o vídeo 56
- Você no estúdio! 58
- Ken Walls, o mestre das lives... revela os seus segredos para fazer lives e dá 100 ideias 62
    - A evolução do eu e as lives 62
    - Por que fazer lives? 64
    - Cresça ao vivo: segredo #1 67
    - Cresça ao vivo: segredo #2 67
    - Cresça ao vivo: segredo #3 67
    - Cresça ao vivo: segredo #4 68
    - Cresça ao vivo: segredo #5 68

4. Domine a sua nova mensagem **76**
- Conheça, depois domine, as suas opções virtuais e de vídeo 81
- Tara Counterman, *Domine* os *podcast lucrativos* 85

5. Domine as suas mídias sociais **102**
- A nova verdade sobre o fechamento das vendas virtuais 104

6. Domine a sua aprovação nas mídias sociais **111**

7. Domine o humor **118**
- Rir primeiro faz a venda durar 121
- Lição da risada. Escute só essa 125
- Que a piada seja com você 129

8. Domine a criatividade **132**
- O poder negligenciado que pode ser o ponto fraco das suas vendas 136
- Como você usa o poder da primeira impressão? 140

9. Domine o tempo **144**

9.5. Domine-se **148**
- Ao vivo. Virtual. Em vídeo 148
- Arcabouço do sucesso ao vivo 152
- O desafio pessoal do sucesso das lives do autor 153
- Jeffrey Gitomer, *Rei das Vendas* 155

PENSE NISSO

Quando um cliente ou possível cliente visita o seu site...

O que quer que ele pense?

O que ele está pensando agora?

O que quer que ele diga?

O que ele está dizendo agora?

O que quer que ele faça?

O que ele está fazendo agora?

Agora, resolva isso!

Jeffrey Gitomer

Estamos entrando numa nova era. Você está dentro?

A produtividade e o processo de planejamento do lucro pós-pandemia ou, em palavras simples, o Novo Normal, têm a ver com a sua nova mensagem pessoal e com a capacidade de se conectar com clientes e candidatos a clientes.

Um novo jeito. Um jeito por vídeo. Um jeito por podcast. Um jeito virtual. Um jeito ao vivo. Um jeito transmitido.

Esse Novo Normal afetará a sua produtividade pessoal, a sua capacidade de fazer seu melhor, de exibir a sua integridade pessoal, de se comunicar com projeção positiva, de provar a sua capacidade de se adaptar à economia em recuperação e de provar a sua habilidade de se adaptar ao cliente em recuperação.

Usar o caminho virtual e ao vivo vai posicionar você como líder. Ajudará você a se desempenhar e a ser percebido como um vencedor. Projetará a sua atitude positiva, o seu talento de comunicação, o seu conhecimento, a sua autoconfiança e a profundidade da sua crença.

E, é claro, você fará mais vendas — muito mais vendas.

TEM CORAGEM? Que sorte! Neste momento da nossa história comercial, essa é uma grande oportunidade (talvez a melhor que já existiu) de tentar algo novo, de reinventar o seu processo de venda, de mudar a direção da empresa, de abrir uma empresa ou de pôr uma ideia em prática e sair vencedor.

O que é exatamente o Novo Normal? Para onde irá? Quando acabará? Bom, ninguém sabe com certeza, mas lives, vídeos e contato virtual estão no centro e vão durar uma geração.

As lives, os vídeos e o contato virtual já o desafiaram a dominar novas habilidades que não eram vistas como absolutas nem imperativas antes da pandemia... mas que agora são. E essas novas habilidades farão você mudar para ser um vendedor, líder e/ou empreendedor melhor.

E, caso esteja se perguntando, pensando ou esperando que as coisas "voltem a ser como eram", isso nunca vai acontecer.

Vídeo, contato virtual, criatividade, vendas a distância, estúdio em casa são abordagens novas para engajar enquanto se vende a clientes novos e existentes. E não irão embora. Isso vai trazer à luz a sua verdadeira perícia tecnológica, a profundidade dos seus relacionamentos existentes e a sua capacidade de se ajustar às situações e às novas tecnologias que vêm surgindo e, é claro, a sua nova dedicação à atitude pessoal e à excelência pessoal.

Jeffrey Gitomer

Em outras palavras... Adote as lives, os vídeos e o contato virtual agora, domine-os agora ou perca para alguém que dominou, seja em 2020, seja em 2030.

Jeffrey Gitomer

Fazer uma Live...

exige um novo nível de entendimento de como o mundo das vendas e o seu mundo das vendas avançarão.

Este é um livro de ideias, estratégias, explicações e respostas que exigem ações. E o seu resultado vai se basear na sua atitude POSITIVA, no seu nível de desejo, na sua ambição pessoal, na sua determinação mental e na sua dedicação à excelência.

Jeffrey Gitomer

A sua foto está em foco?

"Em tempos de incerteza, documente aquilo de que tem certeza." Essa pepita de ouro me foi passada casualmente no nosso podcast *Sell or Die* pelo futurista e nosso convidado Daniel Burrus. Bum.

Pense nas suas certezas....

O único elemento do qual você tem certeza e controle totais é VOCÊ. Depois disso, há cinco elementos que estão um pouco sob o seu controle e influência e terão impacto sobre o seu resultado, com base nas suas palavras e ações. Você pode influenciar e impactar a sua família, os seus amigos, a sua empresa, os seus clientes e a sua pegada social.

Quero que você documente todas as coisas de que tem certeza sobre si mesmo. O que você sabe que é verdade sobre a sua capacidade, sobre os seus ativos? O que você sabe que é verdade sobre os seus clientes agora mesmo? O que você sabe que é verdade sobre as coisas que pode controlar, a que você se dispõe a dedicar (e investir) tempo para ler mais, para aprender mais sobre vídeo e documentar as coisas que tem certeza sobre si: os seus ativos, a sua perícia, tudo aquilo que você sabe sobre si.

Então, documente tudo do que tem certeza sobre a sua família, os seus amigos, o seu círculo de influência, os seus negócios, os seus clientes e a sua rede social. Leve apenas alguns momentos e documente as coisas que você sabe que são verdadeiras sobre todos esses elementos.

Você está no seu controle, e essa é uma boa notícia. Ela vai lhe poupar horas, talvez dias de busca para controlar os outros e aquilo que você pode influenciar. Você pode causar impacto, mas não controlar. Portanto, quero que você pare um momento ou alguns momentos, largue esse livro e documente as suas certezas num Google Doc ou arquivo do Word.

- As suas maiores qualidades
- Os seus ativos
- As suas habilidades
- As suas realizações
- A sua especialidade
- A sua atração
- A sua reputação
- As suas paixões
- Os seus desejos
- As suas metas quase alcançadas
- A sua situação atual
- As suas necessidades como pai ou mãe
- As suas necessidades na carreira
- As suas necessidades na vida
- A sua perícia virtual (nota de 1 a 10)
- A sua pegada social (nota de 1 a 10)
- A sua capacidade de fazer vídeos (nota de 1 a 10)
- A sua marca pessoal (nota de 1 a 10)

Essa autoanálise lhe dá um quadro "exato" SEU — ou, melhor dizendo, tão exato quanto você se dispuser a ser com você mesmo.

Agora que definiu as suas certezas pessoais, vai ser muito mais fácil definir as suas outras certezas...

- A sua família
- Os seus amigos e pessoas próximas
- O seu negócio — os colegas de trabalho — os seus ativos — as suas necessidades
- O estado da sua empresa e do seu mercado como você os vê neste momento
- Os seus clientes — as suas histórias recentes — as suas necessidades imediatas
- O estado das empresas deles e a situação atual do seu mercado

Agora você tem uma visão clara e um entendimento sólido da sua situação atual total. Isso foi (não muito) fácil.

O relutante guerreiro
VIRTUAL

começa nervoso, envergonhado e despreparado ao fazer uma LIVE e sai autoconfiante, entusiasmado, de alto nível

Você está lendo este livro sobre aparecer ao vivo, ou seja, sabe que precisa fazer mais lives para cultivar os seus negócios. O fato é que você pode ter toda a estratégia do mundo, mas, se tiver medo de lives (como eu tinha), precisa ler este capítulo antes de continuar. Porque as estratégias que você vai ler aqui só são um tesouro se, e somente se, você as puser em prática.

Eu me lembro de quando tinha uns 4 anos e meu pai me levou para assistir a *Sesame Street Live* (Vila Sésamo ao vivo) para que eu aparecesse na televisão. Até hoje, não me lembro de meu pai ter tirado um dia de folga, e, mesmo com 4 anos, eu sabia que a pressão era imensa. No minuto em que chegamos àquele grandioso prédio ornamentado em Nova York, fiquei paralisada. Não quis entrar no estúdio. Estava apavorada. Meu medo de palco era maior do que o Garibaldo. Meu pai chegou a me prometer um chocolate depois que eu entrasse, mas nunca juntei coragem para aparecer na TV (nem ganhei o chocolate).

Aprendi uma grande lição. Quando não aparecemos ao vivo, perdemos o chocolate. Tudo bem, tudo bem, sem piadas. A oportunidade está no outro lado da live: no minuto em que aperta aquele botão "ao vivo", você cria oportunidades — oportunidades de negócios, oportunidades pessoais, oportunidades de construir uma marca, oportunidades nas mídias sociais, oportunidades de conexão, oportunidades de crescimento, oportunidades de receita e oportunidades de parceria. UAU!

Dizem que o universo continua nos dando as lições necessárias até aprendermos. (Não sei quem diz.) Quando abri a minha empresa, eu sabia que era imperativo criar vídeos e aparecer ao vivo; no entanto, aquela mesma relutância, aquele mesmo medo e nervosismo se instalaram. Como você, eu tinha o desejo de fazer, mas o fator medo era avassalador. Finalmente, cheguei à conclusão de que, para vencer no meu negócio, o desejo tinha de ser maior do que o medo.

Toda vez que fazia um vídeo ou aparecia ao vivo, eu me perguntava coisas que me derrotavam, como: E se ninguém assistir? Sobre o que devo falar? E se eu estragar tudo? Quem sou eu para ensinar essas coisas? Algum outro especialista já fala disso, por que alguém ia querer ouvir de mim? E se alguém me fizer uma pergunta que não sei responder? Você já se fez algumas dessas perguntas?

Esse tipo de pergunta vem de crenças limitantes que nos impedem de executar o tipo de ação que você e os seus clientes merecem. Crenças que nos impedem de cultivar a empresa, as vendas, o sucesso e o fator diversão. Em geral, as crenças limitantes brotam de situações ocorridas na infância (como *Sesame Street Live* para mim), e talvez você nem perceba que as leva com você; em geral, elas estão escondidas e parecem tão reais que você acha que são fatos e não crenças.

Para superá-las, primeiro é preciso identificar as crenças existentes e buscar a verdade ou significados alternativos. O meu medo de palco vem de tenra idade e, quando fui capaz de retornar pela minha linha do tempo, identificar o momento exato em que começou e me relacionar com o medo que senti quando era aquela garotinha de 4 anos, consegui superá-lo como adulta. Imagine a sua linha do tempo. Que situações você viveu que podem estar contribuindo para o seu sistema de crenças atual? Onde o seu medo começou? Pense nisso. Houve alguma vez em que você decidiu que a sua voz não era importante como deveria?

Para injetar crenças mais positivas e voltadas a resultados, você pode começar a se fazer perguntas melhores. Em vez de perguntar quem você é para aparecer ao vivo, pergunte: por que não você?! Que tipo de conhecimento e especialização você tem que poderia compartilhar? Quais são as consequências de guardar essas informações? Pense tanto nas consequências para si quanto para os seus negócios e para os seus clientes e possíveis clientes. Que tipo de prova você consegue encontrar das vezes em que tentou algo novo e, no começo, foi difícil, mas com a prática ficou cada vez mais fácil, como andar de bicicleta? Toda vez que cair, levante-se imediatamente.

Com o apoio do meu marido (confissão: o autor deste livro) e uma equipe admirável, eu me forcei a me avançar através do medo e apareci ao vivo. E serei a primeira a dizer que os primeiros vídeos ficaram horríveis, assim como as minhas primeiras postagens no blog. O bom é que foram ficando mais fáceis e melhores com o tempo, a prática e o autotreinamento. Assisti meticulosamente ao meu próprio desempenho e fiz anotações.

Pense de novo naquela pergunta lá no começo: E se ninguém aparecer na sua live? Imagine que, na verdade, ninguém aparecer é uma grande oportunidade — uma oportunidade de você treinar e ficar à vontade com o modo como aparece ao vivo, com o seu estilo, com a tecnologia. E se você conseguisse acreditar que tudo o que aconteceu na sua vida está sempre funcionando a seu favor?

Depois de criar centenas de vídeos e atrair milhares de inscritos, descobri o ingrediente secreto de aparecer ao vivo. Chamo de Método do Chocolate porque aparecer ao vivo deveria estar coberto de oportunidades de doces recompensas.

O Método do Chocolate: Criar — Encantar — Narrar — Investigar — A Oportunidade
Crença, Atitude, Repetição

Criar. Essa é a parte em que muita gente empaca: como criar uma descrição que faça as pessoas clicarem, o que dizer quando estiver numa live, o que fazer caso não saiba uma resposta. Está na hora de sair da sua cabeça e entrar na cabeça do cliente; do que o seu cliente precisa?

Encantar. Use minha *Fórmula do Encanto em Três Partes:* 1. Ofereça conteúdo que as pessoas QUEIRAM compartilhar. 2. Peça que os espectadores convidem ou compartilhem com outros. 3. Agradeça a eles por compartilhar.

Narrar. Com roteiro e espontaneamente. Tome cuidado para não parecer que está lendo. Você pode treinar e gravar na sua tela ou no celular para ver como fica. Qual é o resultado que você quer que os seus espectadores recebam? Comece com o fim em mente e construa o seu plano de conteúdo em torno das ações que quer que os seus clientes executem.

Investigar. 1. Assista aos seus vídeos. 2. Faça pipoca e se prepare para ficar vulnerável. 3. Treine-se e seja treinável. Assista aos seus vídeos, faça anotações e crie itens de ação para melhorar; aplique e repita. Aos poucos, você vai elevar o padrão. Além do autotreinamento, procure pessoas em quem confie e peça feedback. Doug, o nosso antigo produtor, me dava um feedback real, imparcial e bem-humorado que me ajudou a melhorar. Quem é o seu Doug?

Sua oportunidade. POSITIVA!!! Essa é a questão. Confira consigo: qual é o seu ROV? Retorno sobre O Vídeo? A sua oportunidade de negócio, a sua oportunidade de conexão, a sua oportunidade de crescimento, a sua oportunidade de parceria e, é claro, a sua oportunidade de criar receita.

Crença. Os seus pensamentos determinam as suas ações, e as suas ações determinam o seu resultado. É simples assim. Quando acredita que CONSEGUE aparecer ao vivo, que pode ser ótimo aparecendo ao vivo, que consegue atrair e impactar muita gente se aparecer ao vivo, que consegue criar uma comunidade quando aparecer ao vivo e que pode obter receita aparecendo ao vivo, então você CONSEGUIRÁ essas coisas. *Pergunte-se a si mesmo:* As minhas crenças atuais me ajudam ou me prejudicam?

Atitude. A sua energia e a sua atitude são contagiosas, mesmo (ou principalmente) na tela do computador. E tudo começa com determinação pessoal e orgulho pelo que faz. O seu público captará a sua atitude e, se quiser saber se tem uma boa atitude, observe o seu público, porque a sua *vibe* atrai a sua tribo. O meu público é cheio de empreendedores e vendedores que são gente que faz, que tem muita energia, gente POSITIVA! E o seu?

Repetição. Você FICARÁ ótimo fazendo Live, mas pode não acontecer como você esperava, em dois palitos. Como a galinha que enche o papo de grão em grão, isso vai acontecer aos poucos, com o tempo, dia a dia, conforme você adota ações constantes de aprimoramento.

É a sua vez de subir o nível (e ganhar o chocolate!). "Como é? Não pode ser fácil assim, Jen." Ah, pode, sim. É como pular no fundo sem boia antes de saber nadar. Você vai sobreviver. Quando der aquele salto de fé em você, o seu equivalente em vídeo do nado cachorrinho vai entrar em ação e você acabará boiando de costas com total confiança.

Se ainda resiste a aparecer ao vivo, então preciso usar o meu jeitão novaiorquino e lhe dizer bem na cara: não fazer Live é egoísta. Guardar para si as suas informações, o seu conhecimento, as suas estratégias que poderiam ajudar alguém a ter sucesso só porque você tem medo demais de não ser bastante bom é egoísta. Pare de se concentrar em si e comece a se concentrar no seu cliente.

Depois de superar a resistência a fazer Lives, com treino e repetição, você vai conquistar autoconfiança, experiência, um novo entusiasmo pelo que está transmitindo, pelo que está vendendo; vai construir uma comunidade forte e se conectar com os outros num nível mais profundo.

Isso é que é fazer Lives e dar o chocolate a si mesmo — com a doçura de novas oportunidades (só açúcar de verdade, por favor, nada daqueles adoçantes).

Jen Gitomer

Jen Gitomer

Agora que tem uma visão clara do quadro todo, você pode começar a documentar as oportunidades que a sua visão clara descobriu e criar o seu próprio plano de ação que inclua as suas ideias, objetivos, intenções e sabedoria.

Jeffrey Gitomer

OS SEUS
9,5
DESAFIOS PARA FAZER LIVES

1

DOMINE A NOVA VOZ, A NOVA LINGUAGEM, O NOVO CONTEÚDO E A NOVA ESTRATÉGIA DE VENDAS

Essa última pandemia reestruturou as vendas e o processo de venda — e nada vai voltar atrás. Todos os aspectos das vendas terão um elemento VIRTUAL, e a oportunidade que nivela o campo de jogo é dominar todos os elementos.

COMECE AQUI: para dominar a nova voz, a nova linguagem, o novo conteúdo e a nova estratégia de vendas, você precisa de mente aberta e uma nova dedicação ao desenvolvimento pessoal.

Você não pode se desenvolver como vendedor se não se desenvolver como pessoa.

Vai ser uma venda mais tranquila durante alguns anos. Você terá de usar uma voz empática e ter um coração compreensivo, ainda que more em Nova York.

Vai **ajudar o cliente primeiro**. Vai ajudar o cliente a vencer. Vai ter entusiasmo e incentivar o cliente. Precisará de **ideias vencedoras a favor do cliente** em vez de um monte de slides e uma "apresentação de venda".

Vai precisar criar e apresentar uma **mensagem baseada em valor** nos termos do cliente — **levar uma ideia** para estabelecer uma vantagem criativa.

ESTRATÉGIA: Poucos ou nenhum slide. Uau. E o ingrediente secreto é **criar uma vantagem competitiva** com valor percebido inegável e vender para ajudar. **Ajude os clientes a vencer.** Essa é a jogada.

Nesta nova economia emergente, seja lá como queira chamar — eu chamo de Novo Normal —, você será exposto como é, e quem você é não se baseia no que fez, nas ações que executou, nas perguntas que fez, no seu motivo aparente nem no modo como se apresenta — virtualmente.

Até que ponto você está pronto para o novo cliente virtual e presencial?

Vou entrar em mais detalhes: a sua nova voz tem de ser empática, mais tranquila, confiável, informativa, útil e incentivadora.

EIS A DICA: A nova apresentação começa pedindo às pessoas as suas histórias: o que aconteceu na empresa ou na carreira, como foi o impacto da Covid-19 ou do *lockdown*. Enquanto lhes pede as suas histórias, você vai fazer anotações... anotações para si sobre a história, ideias de como ajudar, tendências que está notando e como oferecer ajuda confortavelmente. Em resumo, oportunidades.

EIS O SEGREDO: Tente se relacionar com os outros sem ser piegas, mas ainda assim sendo empático e simpático. Deixe claro que qualquer oferta de ajuda é nos termos da outra pessoa, não nos seus. Não diga aos outros como vão poupar. Quero que você fale de resultado positivo e lucrativo e de renda lucrativa, quer pertença a você e à sua empresa, quer não. AJUDA GENUÍNA.

OBSERVE BEM: Se os clientes se dispuserem a revelar as suas histórias e necessidades e se você tiver alguma ideia de como ajudar, estabelece-se uma vantagem competitiva. Na cabeça deles, você é genuíno. Enquanto isso, os seus concorrentes estarão por aí buscando um jeito de vender mais e cumprir as cotas. GRANDE ERRO. Eles tentarão levar a caixinha de slides.

DICA: Jogue fora a caixinha de slides. Leve uma ideia de valor com base na história que os clientes lhe contaram. Os clientes estão no modo acelerado. Não têm tempo nem paciência para caixinhas de slides ou exposição de vendas sobre "o preço mais baixo do que nunca".

Ah, dê um tempo.

MAS todo mundo tem tempo para ajudas e ideias. TODO MUNDO.

O TEMPO ACABOU: Quero que você crie uma ideia **agora mesmo** para pelo menos três clientes antes de avançar para a próxima lição.

PENSE: O que você pode dar ou oferecer a cada cliente que será percebido como valioso?

GRANDE DICA: O valor tem de ser percebido, senão a oferta não tem nenhum valor.

Jogue fora o seu "adereço de valor" que não vale nada e troque-o por uma oferta de valor, uma declaração de valor ou uma ideia valiosa. Crie algo de valor para os seus clientes antes de passar à próxima lição. Esse valor precisa ser perceptível e tem de mostrar aos clientes como vencer.

AJUDE OS CLIENTES A VENCER E VOCÊ VENCE.
Você conquista primeiro o coração e a mente deles e, finalmente, quando chegar a hora certa DELES, você ganhará o pedido. Juro.

Jeffrey Gitomer

Leia. Pense a respeito.

E AJA!

No fim de cada um dos 9,5 Desafios para aparecer ao vivo, você encontrará uma página de AÇÃO com decisões específicas que deve tomar, ideias que deve implementar e estratégias vencedoras que aproveitar para maximizar o valor deste livro e o seu sucesso na realidade virtual e ao vivo.

PRIMEIRA AÇÃO DO DESAFIO

- **Não leia este livro, ESTUDE-O — a citação mais poderosa de Harvey Mackay.**
- **Decida que está disposto a assumir a posição de liderança.**
- **Faça um plano para AJUDAR antes de fazer um plano para VENDER.**
- **Ponha as suas intenções num Post-it no espelho do banheiro.**
- **Não estabeleça apenas novas metas; estabeleça novos padrões.**

Comece AGORA!...

AÇÕES DO DESAFIO 1

DOMINE A NOVA VOZ, A NOVA LINGUAGEM, O NOVO CONTEÚDO E A NOVA ESTRATÉGIA DE VENDAS

- Ajude ANTES de vender — A ESTRATÉGIA VENCEDORA DAS LIVES.
- Descubra e documente PRIMEIRO as histórias e necessidades deles.
- Dedique-se a entender os espectadores e a sua situação ANTES DE DAR ALGUMA RESPOSTA.
- Decida que NÃO vai vender antes que ELES ESTEJAM DISPOSTOS A COMPRAR!
- Substitua a caixinha de slides por uma conversa humana.
- Comece devagar e de mansinho até sentir que está na hora de acelerar.
- Veja se oferece ideias que ajude a ELES.
- AJA.

2
DOMINE O MUNDO VIRTUAL

Em casa durante a pandemia, o seu mundo virou virtual. E, caso você não tenha notado, foi assim que ficou, sem voltar ao jeito antigo. E agora é melhor.

É bem provável que, enquanto estava em casa, você tenha feito algum tipo de reunião virtual mais vezes em sessenta dias do que em toda a sua vida. E vai continuar assim. A partir de hoje, metade ou mais das suas reuniões ocorrerão virtualmente.

Menos será mais... e menos será menos...

Menos "ir ao escritório" = menos tempo no trânsito = mais tempo para ser produtivo.

Menos reuniões presenciais = mais virtuais = menos trânsito = mais tempo de venda.

Menos viagens aéreas = mais oportunidade de ser criativo = mais tempo de venda.

CERQUE-SE DE UM VISUAL DE PRIMEIRA CLASSE

A questão VIRTUAL é: você dominou a sua oportunidade virtual ou só liga o computador, vê se funciona e se senta na frente da porta do armário ou no seu escritório mal iluminado?

Qual é a impressão que projeta ANTES de dizer a primeira palavra?

- **Você parece ótimo para o seu cliente no outro lado?**
- **Qual é o seu ambiente visível?**
- **Se precisa de um cenário além do armário ou do escritório, visite UseAnyVoo.com e arranje uma tela pessoal ou com a marca da empresa.**
- **Como é a sua iluminação? Você fica claro ou escuro?**
- **Comprou iluminação para vídeo ou uma lâmpada em anel? Quando encara os outros, você tem de estar vivo e iluminado. Ignorar as aparências NÃO É UMA OPÇÃO.**
- **Os outros escutam bem você? ARRANJE UM MICROFONE DE VERDADE; esqueça os fones de ouvido.**
- **Como é a sua tecnologia?**
- **Domine a aparência e a tecnologia ANTES de fazer uma apresentação.**

Depois de resolver todos esses elementos virtuais, então, devagar, bem devagar, domine o processo. Por que isso é imperativo? Porque as reuniões virtuais, as vendas virtuais e a transmissão de vídeos serão um modo de vida no futuro previsível.

Você tem de estar pronto para fazer apresentações e ligações de vendas e de negócios de todo tipo virtualmente, de qualquer lugar e em vídeo.

Jeffrey Gitomer

REALIDADE: O mundo virtual se tornou o Novo Normal. Ser capaz de vender ao vivo sem estar lá e, ao mesmo tempo, conseguir que sintam a sua presença, o seu profissionalismo, a sua emoção, a sua sinceridade, o seu valor, a sua autoconfiança, a sua credibilidade e a sua confiabilidade.

Muita gente ainda não se sente à vontade diante da câmera. Você tem de se sentir. Tem de parecer relaxado e no controle. Tem de parecer disposto a ser amigo e tem de demonstrar uma essência segura e uma confiabilidade que as pessoas vão captar e que, em última análise, farão os outros quererem comprar de você.

O VALOR E A REALIDADE DO NOSSO "TEMPO DE VENDA"

Pense nisto: suponhamos que você more em Columbus, no estado americano de Ohio, que seja março de 2019 e que você "tenha" de ir a Dallas, no Texas, para uma reunião. É uma reunião de vendas. Você chega ao aeroporto às seis da manhã, e o avião está um pouco atrasado. Na verdade, você só embarca lá pelas oito e meia ou nove horas. Chega a Dallas às onze e meia. Chega ao cliente ao meio-dia. Almoça com eles, faz uma reunião de duas horas, eles adoram você e lhe pedem que lhes mande uma proposta. Você faz algumas ligações de vendas e negócios antes do jantar, às seis da tarde. O jantar acaba às oito, e você volta ao aeroporto, se houver voo, ou dorme no hotel. Na hora em que chegar em casa, você estará acabado.

Custo? Nem queira saber. Além da perda real de produtividade.

AGORA, PENSE NISTO:
Mesmo caso, setembro de 2020. Você poderia fazer a mesma reunião *virtualmente* às sete ou oito da manhã, no seu quarto. Sem aeroporto. Sem voo. Mandou previamente a eles suas cápsulas de café favoritas e um livro autografado de seu escritor predileto (eu?). Poderia conversar uma ou duas horas, fazer a sua apresentação, mandar uma proposta em vídeo e fechar negócio. Aí, às nove, se encontraria com outra pessoa, às dez com mais outra e, às 11, com outra pessoa ainda, e ao meio-dia teria um almoço virtual com mais alguém. Sacou?

Quanto vale seu tempo (vendendo)?

Como você está investindo o seu tempo para aproveitá-lo melhor? Mais reuniões, mais apresentações, mais relacionamentos sociais e, *é claro*, mais vendas.

DICA: mais virtual!

PENSE. E repense. Você acha que as grandes empresas vão mandar gente de avião até Dallas para uma reunião? Bom, talvez mandem se for muito perto ou para salvar uma negociação. Então, digamos que eles cortem o orçamento pela metade. Digamos que você vá de carro ou avião à metade das reuniões, mas a outra metade você pode fazer na sua própria casa — ou, talvez, no seu escritório. Mas, seja como for, vai ser virtual, e os seus clientes vão adorar, porque não precisam se preparar para receber você.

Quer mais reuniões para vendas/para o café? Faça o seu próprio café, mande café para eles, mande-lhes um pouco de Death Wish Coffee ou uma caixa das suas cápsulas favoritas, ou um cartão-presente da Starbucks para que você possa tomar café com eles. O mesmo no almoço.

O novo jeito de se reunir é virtual, MAS você tem de se preparar criativamente para isso. É preciso ter uma aparência de sucesso e executar ações de sucesso criativo. Só é preciso parecer profissional, entusiasmado com a mensagem que transmite e acrescentar o elemento de surpresa criativa.

ACORDE E SINTA O CHEIRINHO DAS VENDAS: Você não pode parecer que acabou de sair da cama. O melhor a fazer quando se levantar da cama de manhã é fingir e usar um fundo AnyVoo. Você pode pôr o AnyVoo em qualquer lugar, e vai parecer que já tem uma boa marca profissional.

Vou lhe mostrar a minha. Esse é meu AnyVoo (UseAnyVoo.com). E essa pode ser sua ligação de vendas virtual ou o seu fundo para reuniões. Pode ser diante da sua cama ainda desfeita e vai parecer profissional — a um custo menor do que uma passagem de avião só de ida.

O quarto   **A vista**

Você ainda precisa estar pronto para fazer a ligação de vendas. Mas, se vai ter um escritório virtual, também pode torná-lo excepcional.

Agora, o desafio para você, e é um desafio imenso, é DOMINAR cada estratégia que vou compartilhar, as estratégias e os ativos de que vai precisar para fazer as vendas acontecerem em sua casa ou virtualmente. Mas sua responsabilidade é reunir os recursos, dominá-los e usá-los quando você aparecer... na Live.

A ligação de vendas virtual é o seu novo cartão de embarque para aumentar a receita e a capacidade de construir relacionamentos com pessoas cuja mão você não aperta, mas que mesmo assim CONSEGUE impactar.

Elas podem estar em qualquer lugar do mundo ou a cinco quarteirões de distância, mas, onde quer que estejam, o mundo virtual será uma parte grande do seu novo processo de venda, e a única maneira de dominá-lo é fazendo, fazendo de novo, depois fazendo de novo e então, fazendo de novo outra vez.

DICA: Assista aos seus próprios vídeos. Você os adora toda vez que assiste? Esse é o seu registro virtual. VOCÊ TEM DE SE ASSISTIR toda vez que gravar.

Então, faça a si mesmo essa pergunta dolorosa: "Você compraria de você?" Gostaria de saber se você compraria ou não.

DESAFIO DO SUCESSO VIRTUAL EM VÍDEO:

Grave as reuniões virtuais até amá-las, amar a si mesmo e sentir que a sua mensagem está sendo emocionalmente transferida a pessoas que podem lhe dizer sim.

Esse é o segredo do sucesso virtual e em vídeo.

Jeffrey Gitomer

É um novo mundo de vendas. É um Novo Normal. Entre nele agora. Mergulhe agora para sair como líder, não como retardatário. Esteja pronto. O mundo mudou. O mundo continua a mudar, com novas oportunidades. Aproveite as oportunidades que estão ao seu alcance ou as perca para alguém que vai aproveitá-las.

Não se pode ignorar o mundo virtual. Ele se tornou e passará a ser o "novo jeito" de vender por muito tempo ainda. Seja o mestre.

A minha LIVE pode ser a sua LIVE

Em 16 de março de 2020, comecei a minha jornada diária no Facebook Live.

Como todas as realizações, ela começou devagar. Cerca de uma dúzia de participantes e umas cem visualizações Mas, conforme a Covid foi se tornando um problema, decidi adotar um papel mais específico e estratégico no meu programa diário. Acrescentei ideias e inspiração para os que enfrentavam dificuldades e, realmente, o público aumentou. Depressa. Diariamente. O ímpeto cresceu.

Comecei a reconhecer que, mais do que uma necessidade, havia uma gritaria virtual por ajuda. E, conforme o público crescia, e muitos estavam lá diariamente, eles começaram a interagir entre si. Não só durante a live, mas também se encontrando depois, formando grupos, batendo papo, fazendo as suas próprias lives. Foi um fenômeno.

Toda manhã às 9h59, sete dias por semana. Sem nunca faltar um dia, quaisquer que fossem as circunstâncias. Viagens, queda de internet, busca de locais, nada me atrapalhou. Se estiver lendo isso em 2021, ainda estou fazendo. Até 1º de janeiro de 2021, apareci ao vivo 291 dias sem parar e continuo aparecendo. Todo dia, às 9h59, na minha página pública no Facebook — Facebook.com/JeffreyGitomer. Apareça e me diga que está lendo o livro.

Decidi lançar um curso chamado "O novo normal". Ofereci às pessoas uma lista de espera. Elas aceitaram. Centenas de pessoas se inscreveram. Cobrei um preço acessível para os que enfrentavam dificuldades. Incluí uma página da comunidade no Facebook, que enlouqueceu de valor e atividade.

Pelo caminho, aceitei o conselho de Ken Walls e passei do Facebook para o StreamYard como plataforma de transmissão (useStreamyard.live).

O StreamYard me permitiu acrescentar todas as minhas plataformas de mídia social de uma vez na mesma transmissão. O público imediatamente dobrou. Consegui integrar o Facebook, todos os meus grupos privados no Facebook, YouTube e Twitter.

Aqui estão os detalhes das Lições sobre Lives e das Virtudes do Virtual que descobri, repassei, implementei e guardei — coisa que você também pode fazer...

- **Constância de data e hora.** Se não transmitir diariamente, que seja semanalmente, no mesmo dia e hora. ESTABELECI UMA POSIÇÃO DE LIDERANÇA. Se o programa for envolvente, as pessoas vão compartilhar, contar aos outros e aparecer regularmente.

- **Meu segredo para o sucesso nas LIVES é uma Mensagem Diária de Valor no Facebook: escolho um tema e crio um título.** O princípio é simples (mas não fácil): ENGAJO O PÚBLICO COM CONTEÚDO DIÁRIO E VALIOSO. Uma mensagem edificante que seja implementável de imediato. Uma combinação de esperança e conteúdo aplicável.

- **Estou no Facebook, MAS não uso o Facebook para transmitir.**

- **Uso StreamYard para transmitir (UseStreamYard.live)** — consigo integrar com facilidade todos os meus grupos e plataformas sociais numa única transmissão, mostrar *slides*, pôr uma legenda na parte de baixo da tela e acrescentar um convidado no StreamYard. Chamo isso de Live com Poder.

- **É imperativo engajar os espectadores e incluí-los na transmissão.**

- **As pessoas ficam gratas pelas mensagens e pela constância e me dizem isso todo dia.**
- **Por causa do valor oferecido, as pessoas ficam mais do que dispostas a comprar de mim.**
- **As pessoas cumprimentam, se envolvem, fazem amizade e compram umas das outras.**
- **São feitos negócios** — fiz vários. O mais notável, com Justin Benton em 101CBD.org. Estamos lançando um poderoso óleo de canabigerol (CBG) à frente da curva do mercado.
- **Pessoas incríveis aparecem e contribuem: Pat Hazell, Steve Rizzo, Joe Soto, surpresas.**
- **A "Voz do Cliente" ressoa, e testemunhos não solicitados reinam e chovem.**
- **O meu grupo gerou outros grupos** — eles mergulham fundo nos temas discutidos.
- **E recebo resposta e aceitação instantâneas no mundo real, ideias úteis.**
- **Sou capaz de personalizar a minha mensagem no momento e dar ajuda oportuna.**
- **É genuinamente interativo: dou uns cem gritos por dia, peço opiniões, ideias e coisas positivas.**
- **As pessoas brigam para serem as PRIMEIRAS a chegar.**
- **Viralidade por compartilhamento.** Peço aos participantes que compartilhem a transmissão com os amigos, e eles compartilham. De bom grado.
- **Criei uma Comunidade, não formei um grupo de negócios.**

A minha live diária me acordou acordando os outros. Transmiti clareza e RECEBI clareza.

Nota do autor: Literalmente, quando estava escrevendo este trecho, Steve Rizzo, meu amigo da vida inteira, comediante, palestrante e escritor, telefonou. Ele é um visitante frequente do meu programa matutino no Facebook Live. Do nada, Steve começou a falar do programa. Ele disse: "Sabe, alguma coisa mudou em você. Desde que começou o programa da manhã, você se tornou uma pessoa que DOA MAIS. O programa é informal, informativo, inspirador, intencional e interativo. Jeffrey, isso vai muito além da motivação. As pessoas se sentem envolvidas e ficam ansiosas para participar. Adoro o jeito como correm para ser as primeiras a chegar." Sorri e senti uns cem gramas de humildade e um quilo de gratidão, porque a minha missão (ajudar os outros) foi compreendida por um amigo íntimo — e, espero, por você.

Como fazer LIVES cria um efeito cascata de geração de receita em seu negócio

Joe Soto

Desde 2010, venho aparecendo em vídeo na internet. Naquele ano, comecei a criar vídeos no YouTube e, desde então, não parei. O vídeo mudava e ainda muda o jogo quando a gente o adota e se dispõe a publicar constantemente conteúdo de valor para um público faminto.

Mas nada se compara ao poder de aparecer AO VIVO em vídeo para o seu público.

Em 2017, decidi criar um programa online chamado Marketing Agency Academy (Academia da Agência de Marketing), criado especificamente para ajudar assessores de marketing digital e donos de agências a abrirem suas empresas e obter receita de vendas na casa das centenas de milhares de dólares.

Gravei mais de cem aulas em vídeo para o curso e o lancei por 997 dólares.

O curso gerou receita de mais de 750.000 dólares e ainda vende até hoje.

Eis um fato interessante: **gravei o curso inteiro no meu porão, usando o meu iPhone e um tripé de vinte dólares** que comprei na Amazon.

Fiz o mesmo com o segundo curso que lancei na internet, um programa chamado Funnel Sales Academy (Academia do Funil de Vendas), que gerou mais meio milhão de dólares em vendas.

Esse curso também foi gravado com o meu iPhone e, em algumas lições com compartilhamento de tela, com o meu laptop.

A decisão mais importante que tomei quando comecei a vender o meu programa foi criar um grupo fechado do Facebook só para os alunos dos meus cursos.

Por que essa decisão foi tão importante? **Por causa do efeito cascata que pode criar em seu negócio.**

Fazer LIVES me deu uma plataforma para oferecer mais valor e servir num nível mais íntimo. Ela me deu a plataforma para aparecer AO VIVO toda semana no grupo do Facebook para sessões de perguntas e respostas, o que me permitiu abordar as preocupações dos meus alunos num ambiente online AO VIVO e exclusivo.

Fazer uma LIVE toda semana me ligou aos meus alunos. Eles podem ver, ouvir e sentir as minhas emoções quando estou numa LIVE com eles no Facebook, abordando as suas maiores dificuldades assim que aparecem. Demonstrei que estava comprometido com o seu sucesso *só por aparecer toda semana* nas sessões de perguntas e respostas no Facebook Live.

Fazer LIVES me ajudou a vender mais cursos. Quando vendo o meu curso, destaco que estarei lá com eles toda semana com treinamento "AO VIVO" e perguntas e respostas no Facebook Live. Isso me ajuda a vender mais cursos por três razões: 1) eles podem prever que vou ajudar quando precisarem de auxílio além das aulas; 2) isso me diferencia da maioria, que vende programas online parecidos e não se dispõe a fazer o esforço de aparecer AO VIVO toda semana; e 3) quando chega a hora de lançar um curso novo, eles são compradores ávidos e de confiança.

Fazer LIVES me ajudou a vender o meu evento presencial. Na hora de anunciar o meu primeiro evento presencial AO VIVO, com três dias num fim de semana, preenchi todas as vagas nos primeiros quinze dias depois do anúncio. Dezenas de alunos confirmaram que as lives semanais no Facebook contribuíram para a decisão rápida de se inscrever e comparecer ao evento. Muitas dessas pessoas foram da Austrália e de Cingapura até Washington, onde realizei o evento, só para me encontrar pessoalmente *porque sentiam que já me conheciam.*

Fazer LIVES me deu uma plataforma para oferecer mais valor e servir num nível mais pessoal. Ela me deu a plataforma para aparecer AO VIVO toda semana no grupo do Facebook para sessões de perguntas e respostas, o que me permitiu abordar as preocupações dos meus alunos num ambiente online AO VIVO e exclusivo.

Joe Soto

Com esse vínculo, ficou fácil para mim oferecer e vender o meu programa anual de mentoria por um valor especial.

Fazer LIVES também pode ajudar você a realizar todas essas coisas.

O mais interessante é que fiz tudo isso e muito mais com nove filhos, sete deles ainda morando conosco, todos com menos de 15 anos, enquanto criava esses cursos.

Eu e minha mulher somos abençoados, mas, como se pode imaginar, na nossa casa as distrações são inevitáveis.

Eu me espanto com os horários impecáveis dos meus filhos. Por exemplo, em numerosas ocasiões o meu filho de 4 anos decidiu usar o banheiro junto ao meu escritório e deu descarga, anunciando com orgulho para a casa inteira "Fiz cocô!", enquanto eu estava AO VIVO no Facebook com o meu grupo!

Às vezes, as crianças decidiam brincar (ou gritar) na frente do meu escritório ou até entrar correndo no escritório e pular no meu colo para dar tchauzinho aos meus alunos.

As distrações vão acontecer. Lide com elas e mesmo assim apareça AO VIVO. As pessoas terão mais simpatia se você for autêntico e aparecer como é.

Finalmente, se vai fazer uma LIVE, é bom que valha a pena. Fazer uma LIVE no Facebook, no Instagram, no LinkedIn ou no YouTube pode ser um desperdício se ninguém ficar sabendo. Eis algumas das minhas dicas favoritas de promoção:

- **Pergunte aos seus amigos ou fãs do Facebook qual a dúvida ou desafio mais urgente que enfrentam em relação ao seu tema.** Isso cria engajamento e abre a porta para você anunciar com antecedência que fará uma LIVE para explicar as melhores dicas e ideias.

- **Crie um Evento na sua página do Facebook para anunciar que fará uma LIVE, para que as pessoas sejam notificadas previamente.**
- **Mande um e-mail à sua lista (se não tem, comece a construir a sua) com os detalhes de quando e onde será a sua LIVE.**
- **Anuncie a live no Facebook ao público que você quer atingir.**
  Embora seja mais avançado, você pode aprender a fazer isso em https://www.facebook.com/business. É possível anunciar depois da live, e as pessoas assistirão ao vídeo gravado.

Como Jeffrey Gitomer ressaltou, as pessoas não compram tanto as nossas palavras; elas nos compram. A minha esperança é que você se inspire a agir usando os princípios e estratégias que aprendeu neste livro para criar o seu próprio efeito cascata no seu negócio.

Joe Soto

AÇÕES DO DESAFIO 2

DOMINE O MUNDO VIRTUAL.

- Classifique-se numa escala de 1 a 5 em cada elemento do mundo virtual.
- Crie o seu espaço virtual pessoal.
- Treine FAZENDO uma reunião por dia. Grave. Assista. Melhore!
- Documente o seu progresso e comemore as vendas e os sucessos.
- Receba feedback de pessoas que você conheça, ame e em quem confie, mas entenda que VOCÊ é o seu melhor juiz e crítico.
- Estude e implemente as ideias de Joe Soto. Ele é brilhante, e as ideias dele dão certo.
- Essas ações iniciais são fundamentais para o seu sucesso geral.
- A constância vence.

3
DOMINE O VÍDEO

O vídeo se tornou o método e a estratégia de comunicação indispensáveis, e talvez você não tenha escolha. Como ele vai ser parte integrante da sua comunicação e das suas vendas, é melhor dominá-lo.

Pretendo fazer do vídeo o meu método primário de comunicação em tudo o que faço e transmito. Vou investir algumas páginas aqui para lhe falar como gravar um vídeo e o que dizer nele.

OPÇÕES: Você tem três opções no vídeo:

1. **Pode entrar nessa com relutância ou**
2. **Pode entrar nessa com entusiasmo ou**
3. **Pode ignorar a oportunidade.**

NOTA: Não comece se preocupando com o seu cabelo. Embora seja necessário estar apresentável, concentre-se na sua mensagem e na sua paixão.

QUANDO COMEÇAR A GRAVAR: Tenha algo envolvente a dizer. Afirme com crença e convicção profundas. Sorria ao falar. Erga os olhos, olhe as pessoas nos olhos. Mesmo que não tenha cabelo, você precisa de boa aparência. Precisa de boa luz. Precisa de uma boa câmera. Precisa de um bom microfone. Precisa de um local que seja confortável e convidativo. Precisa soar entusiasmado. Precisa soar digno de crédito. Precisa soar seguro de si e autoconfiante. Em resumo, o lema dos escoteiros prevalece: SEMPER PARATA, ou sempre preparado. Seguido de perto pelo mantra de sucesso de Dale Carnegie: SEJA VOCÊ MESMO.

Se tudo isso der certo, primeiro faça uma gravação de teste com o que planeja dizer antes mesmo de dizer, ao vivo ou gravado, para mandar aos clientes. Você pode simplesmente entrar no Zoom ou no QuickTime e se gravar, assistir ao vídeo e ver se gosta. Se não gostar, é você! Conserte e grave de novo, porque os seus clientes vão assistir à mesma coisa e decidirão se compram ou não de você.

Com base no que assistiu no seu próprio vídeo, pergunte-se:

- **Até que ponto estava entusiasmado?**
- **Até que ponto foi sincero?**
- **Até que ponto a sua mensagem é clara?**
- **Até que ponto foi envolvente?**
- **Como estava o cenário?**

Todos os elementos que fazem parte da gravação de um vídeo têm de estar em harmonia para obter a aceitabilidade do cliente (a única aceitabilidade que importa).

FAÇA A SI MESMO ESSA PERGUNTA DIFÍCIL: Neste momento, estou aceitável para a pessoa com quem falo? Ela comprará de mim em consequência dessa mensagem?

Isso é importantíssimo.

VOCÊ NO ESTÚDIO!

Vamos parar um pouco para discutir opções de "local".

O meu local é a minha biblioteca. Eu a escolhi como o meu local porque tenho quatro ou cinco áreas onde posso simplesmente acender as luzes e ligar a câmera, com um resultado legal. Os livros fazem você/eu parecer inteligente.

Você pode ficar em pé ou sentado, mas acho que deveria ficar em pé. Você pode se sentar, mas não fica tão entusiasmado. Não dá para passar a mensagem tão bem quando estamos sentados, é melhor quando estamos em pé.

Quando está em pé, você se projeta no vídeo, de modo que o cliente compra você e o seu personagem, a sua persona, a sua sinceridade, a sua autoconfiança, e acho que não dá para passar tão bem o mesmo carisma numa cadeira.

Acho que não dá para igualar essa emoção numa cadeira nem atrás de uma escrivaninha, a não ser que você tenha um cenário e uma equipe profissionais. MAS FICAR SENTADO É OK. No fim, a questão é como está a sua aparência, como você soa, como se projeta e, é claro, o valor percebido na sua mensagem. Gravo tanto com a câmera quanto com o meu laptop. E gravo TANTO sentado QUANTO em pé.

Para treinar, você pode gravar vídeos com o laptop virado para você. Aperte "gravar" em qualquer programa de vídeo e começará a se ver. Você será capaz de se treinar na mesma hora. Não é tão difícil assim começar nem fazer, mas é difícil dominar. Você vai evoluir devagar. Dê passos pequenos e diários. Você tem de se assistir para ver como aparece, ouvir como soa e dissecar a sua mensagem, porque é o que os seus clientes estão olhando, é o que os seus clientes estão escutando, e eles vão tomar a decisão de comprar com base nisso.

OBSERVE BEM: Os clientes e possíveis clientes vão querer se conectar com você virtualmente e, quando isso acontecer, eles querem sentir que a sua sinceridade está lá, que a sua confiabilidade está lá, que as suas palavras são dignas de crédito e que eles confiam no que você diz. SÓ ENTÃO vão se dispor a comprar.

Se entender isso e ficar excelente, você vai ganhar muito mais com as vendas. Pense nisso. Você consegue fazer vinte vídeos (com um roteiro bem editado) numa manhã, mas não consegue fazer vinte visitas de vendas presenciais num mês.

Para entrar nesse Novo Normal, o seu relacionamento com os clientes existentes é tudo. Eles aceitarão as suas ofertas SE você disser a coisa certa.

Pense na oportunidade que isso lhe traz. Agora, isso é totalmente aceitável, depois do que aconteceu no período da Covid, quando estávamos trancados em casa, e mesmo quando estávamos nos recuperando.

Agora, se você disser "Jeffrey, meu cenário é um lixo", tudo bem, ajeite. Faça ou crie um fundo ou cenário que lhe dê orgulho. Arranje equipamento que faça você parecer e soar excelente.

Caso o seu escritório não seja tão bom assim ou caso você não se sinta à vontade, é só conseguir um AnyVoo (UseAnyVoo.com). Ele lhe dá um lindo escritório instantâneo, uma marca instantânea e credibilidade instantânea. Ele lhe dá o cenário completo e lhe mostra como usar.

Você também pode gravar diante de uma parede branca, junto das suas obras de arte, junto aos seus livros, mas o vídeo será o Novo Normal para se comunicar com os outros.

A Hippo Video (www.hippovideo.io) lhe permite fazer e incorporar um vídeo ao seu e-mail sem ter de baixar nada. Uau. Agora você pode gravar um vídeo que explica a sua proposta. Legal, não é? Você pode fazer o e-mail de acompanhamento com um vídeo.

Imagine que você diz: "Bob, estou lhe mandando a proposta que pediu, mas não é muito autoexplicativa. Quero um minutinho para explicar o que você ganha quando decide fazer negócios conosco." É o que o cliente quer saber: o que ele ganha. Mas você não pode pôr isso numa proposta. Ninguém vai ler. MAS VÃO ASSISTIR.

Antes de ser possível anexar um vídeo, você mandava a proposta por e-mail. O possível cliente olhava o preço. Acabou. Agora, o vídeo é o seu novo jeito de dizer oi. O vídeo é o seu novo jeito de preparar o cliente.

É vídeo, e é vídeo *agora mesmo.* Aproveite essa oportunidade do Novo Normal, porque, juro, os seus concorrentes vão fazer exatamente a mesma coisa, e você tem de ficar um ponto acima para ser competitivo com o seu preço.

OBSERVE BEM: Eu lhe passei os meus melhores recursos na época da publicação. Uso todos esses recursos para fazer e transmitir as minhas mensagens virtuais/em vídeo. Há e haverá outros. Examine e escolha o que for mais confortável e pertinente para você e se mantenha atualizado com o que surgir.

O vídeo é o novo jeito de transmitir valor. O vídeo é o novo jeito de criar uma mensagem além da proposta. O vídeo é o novo jeito de se comunicar emocionalmente com os clientes de um modo que eles acharão aceitável e, mais importante, comprável.

Jeffrey Gitomer

Ken Walls...
O Mestre das Lives... revela os seus segredos para fazer Lives e dá 100 ideias

A evolução do eu e as lives

A Ustream começou a fazer eventos transmitidos ao vivo por volta de 2007, usando celebridades como isca. Entrei no jogo com sete anos de atraso. Em 2014, no minuto em que ouvi falar das lives, comecei a fazer. Na mesma hora, vi que era "o futuro" do marketing pessoal e corporativo.

Nos últimos 2.192 dias (são seis anos, incluindo dois anos bissextos e seis aniversários), só houve um punhado deles em que NÃO me apresentei ao vivo. Em muitos dias, apareci AO VIVO duas, três ou quatro vezes no mesmo dia.

Pelo caminho virtual, várias outras empresas e plataformas começaram a surgir.

Em 2015, as lives começaram mesmo a pegar. Eu fazia as transmissões ao vivo no Meerkat e no Periscope e enviava gratuitamente conteúdo de valor para me tornar conhecido. Comecei a obter milhares de seguidores em cada plataforma.

O Twitter comprou o Periscope e o integrou à sua plataforma. Pelo caminho, outras plataformas apareceram, algumas não sobreviveram. Uma plataforma ótima era o Blab, mas eles não tiveram recursos para continuar.

Em agosto de 2015, o Facebook começou a disponibilizar o Facebook Live para celebridades de alto nível. Em abril de 2016, o Facebook Live foi liberado para todo mundo na plataforma. Assim que o gorilão entrou na briga, o jogo começou e já acabou! Com mais de 2,6 bilhões de usuários ativos por mês na plataforma do Facebook, nunca houve hora melhor do que agora para se tornar conhecido, tornar a sua marca conhecida e tornar a sua mensagem ouvida.

Imagine que todas as redes locais de TV (CBS, ABC, NBC e Fox, nos Estados Unidos) ligassem para lhe oferecer que você se anunciasse a QUALQUER momento que quisesse, CONTANTO que fizesse isso de graça. Você negaria? É claro que não. Ainda assim, no Facebook, no Youtube, no Periscope e no Twitter há um público MUITO maior que consome conteúdo ao vivo constantemente — e a maior parte das empresas e dos vendedores não aproveita esse público GRATUITO!

A tecnologia das lives muda e melhora o tempo todo. Até recentemente, era dificílimo criar uma marca e/ou transmitir em múltiplas plataformas ao mesmo tempo. No último ano, a nova plataforma StreamYard subiu ao topo.

O StreamYard permite transmitir simultaneamente para várias plataformas. Assim, quando faço uma live, transmito ao vivo para Facebook, Youtube, Periscope, Twitch e Twitter, tudo ao mesmo tempo. Alguns conseguem até transmitir para o LinkedIn Live (com base em aprovação do LinkedIn!)

Com o StreamYard, você acrescenta gráficos ao fundo, insere introdução e encerramento do vídeo, usa imagens superpostas, põe legendas, junta vários convidados ao mesmo tempo e muitas coisas legais. É uma mudança ENORME!

Meu trabalho neste livro de Gitomer é lhe oferecer o entendimento e a noção do valor e da oportunidade não aproveitados das lives e lhe dar orientação para pôr você AO VIVO!

Por que fazer lives?

Hoje, as lives estão disponíveis em todas as grandes plataformas sociais... porque DÃO CERTO!

Transmitir ao vivo permite que você crie um relacionamento mais forte e pessoal com os seus espectadores (que poderiam ser seus clientes). ALÉM DISSO, o algoritmo da maioria das plataformas dá prioridade às lives. De acordo com Facebook e outros, as pessoas (você) passam o TRIPLO do tempo assistindo a lives, porque elas são empolgantes, simultâneas, envolventes e interativas. (Tudo bem, clichê: é a segunda melhor coisa depois do presencial.)

Transmitir ao vivo é o jeito nº 1 de atrair olhares para você e para o seu conteúdo. Os algoritmos de Facebook, LinkedIn, Twitter (Periscope) e YouTube ADORAM conteúdo transmitido ao vivo.

Abaixo, você encontrará um punhado de segredos das transmissões ao vivo e 100 ideias para as lives!

A verdade simples é que as pessoas que não fazem lives atualmente têm algumas razões.

> **a) Elas acham que não têm nada de valor para dizer.**
> **b) Têm medo de serem julgadas.**
> **c) Sentem que já há gente demais fazendo lives.**
> **d) Não sabem sobre o que falar.**

Eis uma verdade simples sobre você e sobre VOCÊ fazendo uma live.

Nem todo mundo vai gostar de você nem do que você tem a dizer. A vida é assim. Ponto. É triste, mas é impossível fazer todo mundo gostar de você, muito menos amar você. Você TEM de aceitar isso. Senão, vai viver a vida inteira, mas não "AO VIVO".

A MAIOR PERGUNTA a se fazer é: "E se..."?

E se o que você tem a ensinar, dizer, falar, exprimir ou contar ao mundo pudesse mudar para melhor a vida de alguém?

E se NÃO fazer a live nem contar sua história ou NÃO compartilhar a sua experiência, força e esperança realmente fizesse alguém continuar sofrendo? E se NÃO fazer lives para dividir com o mundo o seu dom ou os seus dons impedir o seu crescimento e o seu sucesso?

Muita gente prefere gravar um vídeo e mandar editar profissionalmente a fazer uma live. E tudo bem fazer isso de vez em quando. No entanto, você perde o "fator autenticidade".

Quando assistem a um vídeo que foi "produzido", as pessoas sabem, no subconsciente, que na verdade aquele é um vídeo produzido. Inconscientemente, as pessoas sabem que você cortou todos os erros.

Quando você está AO VIVO, o fator autenticidade dispara! As pessoas veem você como mais humano (igual a elas). Veem você como alguém com quem estão apenas conversando.

Abaixo, vou listar 100 ideias para lives. Pense nelas como possíveis ideias para a sua própria live.

POR QUÊ? As pessoas assistem a lives por duas razões principais.

1. **Para se divertir.**
2. **Para se divertir E se educar.**

Muita gente prefere gravar um vídeo e mandar editar profissionalmente a fazer uma live. E tudo bem fazer isso de vez em quando. No entanto... você perde o "fator autenticidade".

Ken Walls

É da natureza humana querer ouvir histórias de triunfo. Adoramos saber que alguém chegou à beira da aniquilação total, mas voltou e ascendeu como a fênix que ressurge das cinzas!

Seja verdadeiro consigo para ser verdadeiro com os outros. Seja VOCÊ primeiro. Seja transparente. Seja autêntico. Seja vulnerável. Mas, acima de tudo, seja você mesmo.

VOCÊ tem uma história. Conte-a. Ajude os outros. Você tem informações valiosas. Divida-as. Você tem mensagens que pode ajudar os outros a ter uma vida melhor. Transmita-as. Ficar calado não ajuda ninguém — muito menos você.

CRESÇA AO VIVO, segredo #1:

O maior SEGREDO para o sucesso das lives é NÃO desistir. Já vi e treinei gente demais que começou a fazer lives e, como não conseguiu público com muita rapidez, desistiu! Começaram a inventar desculpas para não fazer mais lives. Muita coisa a fazer, filhos, tarefas domésticas e várias outras desculpas. Assim, a sua visão de obter novos clientes e negócios fracassa, e eles começam a recair no que "sempre fizeram".

CRESÇA AO VIVO, segredo #2:

Basta ser VOCÊ. Seja você mesmo. Não tente ser bacana e estiloso demais. É só ser você e ser autêntico.

CRESÇA AO VIVO, segredo #3:

Ofereça VALOR. Você pode fazer uma live mostrando algo em que é muito bom ou falando sobre o capítulo do livro que está lendo ou leu. Pode falar sobre as férias que tirou. Falar sobre metas de escrita e o que isso fez por você. Há literalmente infinitas possibilidades para o tema das lives... é só se assegurar de que oferece valor.

CRESÇA AO VIVO, segredo #4:

Paixão. Transmita a sua mensagem com paixão. Ponto. Ninguém gosta de compartilhar uma live chata com amigos e parentes. Portanto, transmita a sua mensagem com energia e entusiasmo!

CRESÇA AO VIVO, segredo #5:

Inclua o seu público. Cumprimente as pessoas que estão assistindo. Esse é o maior erro que vejo as pessoas cometerem. Não dizem oi para ninguém OU, pior ainda, passam tempo demais dizendo oi e não transmitem uma mensagem forte. Diga oi depressa... cumprimente as pessoas e passe à sua mensagem. Durante a transmissão da mensagem, você pode salpicar mais alguns ois e olás quando vir novas pessoas aparecendo.

Ken Walls

Eis as 100 ideias de Ken Walls para Crescer Ao Vivo...

Este "pacote inicial de Ideias para Lives" vai ajudá-lo a começar.

1. A SUA apresentação! Qual é a sua história?
2. Como lutei com ——— e superei.
3. O que faço para me manter organizado.
4. Como ——— para trazer novos clientes (vendas e donos de empresas).
5. Como eu e minha família nos divertimos.
6. O meu hobby favorito é ———. E por que adoro!
7. A minha resenha do livro ———.
8. A lição mais difícil que tive de aprender nos negócios foi ———.
9. A minha citação favorita de todos os tempos é ———.
10. O que faço para gerar energia quando estou cansado é ———.
11. Como atravesso os reveses.
12. Algumas ótimas dicas que aprendi para divulgar meu negócio.
13. O meu músico ou grupo favorito.
14. O melhor show a que já fui.
15. O que fiz para enfrentar o medo do fracasso.
16. Como superei o medo de ser julgado.
17. Como saí da obscuridade.
18. Por que me senti um grande fracasso no passado.
19. Os três maiores mantras da minha vida.
20. Fatos atuais dos noticiários.

21. A bênção extraordinária de hoje.

22. Estou cheio e cansado de —————.

23. A minha fonte número um de inspiração.

24. Como torno irresistível o meu produto ou serviço.

25. A minha declaração de missão.

26. As duas coisas principais que faço todo dia para melhorar a minha mentalidade.

27. As minhas afirmações favoritas.

28. Quando me sinto pra baixo, eu —————.

29. Eis alguns jeitos de ajudar os outros.

30. A minha receita culinária favorita é —————.

31. O primeiro carro que amei foi —————.

32. A minha casa dos sonhos é —————.

33. Se eu pudesse ter qualquer superpoder, escolheria —————.

34. Se eu pudesse usar qualquer carro, seria —————.

35. As minhas férias favoritas em família foram —————.

36. Como estabeleço as minhas metas.

37. A minha forma favorita de entretenimento.

38. O que mais gosto nas mídias sociais.

39. Porque adoro feriados.

40. O que não gosto nos feriados.

41. As coisas que faço para assegurar o meu autoaprimoramento.

42. Como acalmar uma discussão.

43. Qual é o significado da vida?

44. Quero viajar para —————.

45. Quero levar a minha família a —————.

46. Como enfrento a síndrome do impostor.

47. Como o relacionamento com o meu/a minha ———— mudou a minha vida.

48. Quando a vida me derruba, eu ———— para mudar de direção.

49. Qual a importância de ter uma mentalidade positiva?

50. O que faço quando me pedem dinheiro.

51. O jeito mais rápido de parar de se sentir mal é ————

52. A minha meta n° 1 na vida é ————.

53. Se você pudesse reviver ————, o que faria diferente?

54. Quero escrever um livro sobre ————.

55. Qual é a melhor coisa que lhe aconteceu nesta semana? (público)

56. A coisa mais engraçada que já vi foi ————.

57. O meu filme favorito de todos os tempos é ————.

58. O meu ator/atriz favorito é ————.

59. Se a minha vida virasse filme, o título seria ————.

60. Lutei com ———— e superei fazendo ————.

61. A época mais difícil da minha vida foi ————.

62. Como consegui construir os meus relacionamentos.

63. A melhor maneira de conseguir recomendações.

64. Adoro escutar o podcast ————.

65. O melhor custo-benefício para promover o seu negócio.

66. Como parei de procrastinar.

67. Como uso os Stories do Instagram.

68. Uma das minhas coisas favoritas do TikTok.

69. O meu canal favorito do YouTube é ————.

70. Promova os seus clientes/amigos.

71. Promova um evento de outra pessoa.

72. Promova o livro de outra pessoa.

73. Ensine algo que apaixona você.

74. Ensine algo em que você é especialista.

75. Fale de problemas comuns dos clientes que você resolveu bem.

76. Por que eu rezo e/ou medito.

77. História de adversidade que você superou.

78. Como gosto de liderar.

79. Por que às vezes as pessoas se perdem e como deixar de se perder.

80. Qual é o verdadeiro significado da sua vida?

81. Como reconhecer quando alguém está roubando você.

82. Que plataformas de mídia social se deve usar.

83. O conteúdo que mais gosto de ver nas mídias sociais.

84. Transmita (compartilhe) o seu vídeo motivacional favorito do YouTube.

85. Como estabeleço limites no trabalho.

86. As minhas cinco metas principais para o ano de ————.

87. O meu jeito favorito de retribuir.

88. Como estou trabalhando para obter mais inscritos no YouTube.

89. Não aguento mais ————.

90. Como não ser uma vítima (mentalidade).

91. O jeito nº 1 de ser vencedor.

92. Como parei de inventar desculpas.
93. Os três melhores livros que todo mundo deveria ler imediatamente.
94. Resenhe um filme.
95. P&R: Perguntem-me o que quiserem.
96. Dicas para enriquecer.
97. Quando tudo falhar, faça o seguinte: ———.
98. Por que a minha família é a melhor.
99. Sou mais grato por ———.
100. Por que encontro gratidão em tudo o que faço ou vivencio.

Aí está. Cem ideias para lives. Eu poderia encontrar literalmente mais centenas. Mas descobri que as minhas ideias podem não lhe agradar; escolha 100 você.

Mais duas coisas importantíssimas de Ken Walls:

1. Você pode fazer uma live às nove da manhã sobre um assunto ou tópico e depois fazer EXATAMENTE a mesma live às três da tarde do mesmo dia; é bem possível que tenha públicos completamente diferentes. Mesmo que também tenham assistido à segunda live, as pessoas NÃO vão se lembrar de tudo o que você falou.

2. Mais importante do que a **IDEIA** da live é a energia que você põe nela. As pessoas se sentem atraídas por lives com muita energia. E adoram compartilhar lives que tenham muita energia. Einstein disse: "Tudo é energia em movimento". As pessoas são atraídas pela live por causa da energia que ela põe *online*. Sei que soa meio boboca, mas posso lhe jurar que é verdade. Depois de mais de duas mil lives, posso lhe dizer que vivenciei isso pessoalmente. Quando a minha energia estava baixa... os compartilhamentos e visualizações foram baixos. E o

contrário também é verdadeiro. Se conversar consigo pouco antes de apertar aquele botão "Ao vivo" para se animar e elevar a sua energia, você verá um grande resultado! O mais importante a fazer é deixar de lado o medo de aparecer ao vivo e simplesmente entrar Ao Vivo.

Criei um curso que ensina todos os elementos das lives, combinados com muitas dicas e truques sobre mídias sociais. Esse curso surgiu em consequência de fazer mais de duas mil lives nos últimos cinco anos. Treinei muita gente, inclusive algumas celebridades bem conhecidas, a fazer lives do jeito certo.

Cada módulo é cheio de sessões de treinamento em vídeo. Em muitas dessas sessões, compartilho a tela do computador ou do celular e lhe mostro exatamente como usar aplicativos e tecnologia que estão, literalmente, na ponta dos seus dedos!

No último módulo (YouTube SEO), ensino a classificar INSTANTANEAMENTE, em minutos, um vídeo no topo do YouTube (dependendo da competição das palavras-chave).

OBRIGADO, KEN WALLS,
por essa sabedoria valiosa e fácil de praticar.

AÇÕES DO DESAFIO 3

DOMINE O VÍDEO

- **ESTUDE a documentação de Ken Walls sobre lives.**
- **Faça um plano de ação com plataformas e conteúdo.**
- **Veja bem se o seu cenário virtual é profissional.**
- **Se precisar de um ótimo cenário, visite UseAnyVoo.com.**
- **Faça pelo menos um vídeo por dia durante sessenta dias. Guarde-os.**
- **Treine fazendo vídeos de graça. UseHippoVideo.com.**
- **Assista ATIVAMENTE aos seus próprios vídeos (faça anotações para melhorar).**
- **Documente os seus sucessos, grandes e pequenos.**
- **A constância vence.**

4
DOMINE A SUA NOVA MENSAGEM

Estou sentado à minha mesa, relaxado. Quero que você entenda que a nova mensagem, principalmente em vídeo e virtual, tem de ser relaxada para ser efetivamente recebida. Sim, a minha mesa está um pouco bagunçada. Eu sempre disse que mesa limpa é sinal de mente doente. A expressão não é minha, é de outra pessoa. Mas, na mesa de alguns, não há papéis, livros, bricabraque nem nada. É sério? Como é que conseguem fazer as coisas? Como sorrir para o "vazio"? Não, não. Eu vou lhe dar a minha imagem real.

Agora, talvez você não tenha o meu local. Meu local é muito bom. Tenho muita sorte, mas criei a minha sorte trabalhando com afinco. Você pode criar a sua própria sorte. Já lhe dei a fórmula: trabalho duro cria a sorte!

O meu segredo de sucesso para relaxar é simplíssimo. Eu me cerco de coisas que me fazem sorrir. Folhas de papel não me fazem sorrir. Portanto, tento não ter nenhuma perto de mim. Mas livros me fazem sorrir, por isso tenho montes. Isso me relaxa e relaxa a minha mensagem. O que faz você sorrir?

O cartão de visita de Steve Jobs me faz sorrir muito e já vai fazendo diferença. E todas as coisas sobre o hotel do meu pai e do meu avô em Atlantic City, Nova Jersey, me fazem sorrir; um prato de Paris, as fotos de meu amigo Dave Winfield me fazem sorrir.

Todas as coisas da minha vida que me fazem sorrir estão na minha mesa, e quem me visita fica curioso e conversa sobre elas.

As coisas que fazem você sorrir também vão relaxá-lo enquanto cria a sua mensagem. Em pé ou sentado, mantenha à vista as coisas que o fazem se sentir bem consigo. Não é só o engajamento das pessoas a quem você tenta transmitir uma mensagem. É o conforto psicológico e a segurança delas quando decidem fazer negócio com você.

CUIDADO: Quando se comunica ou tenta marcar uma reunião nesses novos tempos, você vê os outros tentando marcar encontros de vendas e usar caixinhas de slides, e o seu chefe quer que você bata as metas e dê um determinado número de telefonemas.

Tudo isso é um lixo.

O jeito antigo está acabando. Não vai mais acontecer. A questão toda é a sua empatia, a sua compreensão, a sua sinceridade, o seu preparo e a sua mensagem. Os outros vão entendê-lo melhor escutando o seu tom de voz e ouvindo ou vendo a sua emoção do que seria possível lendo o seu texto. Você lhes pergunta como pode ajudá-los a vencer, e o seu desempenho, a sua capacidade de transmitir, a sua mensagem, a sua aprovação social e a percepção que o cliente tem de você é que ganharão o dia — e não bobagens como "encontre a dor, desafie o comprador, faça ofertas insinceras, manipule o comprador ou feche a venda". ACABOU.

Agora, pense nisso um segundinho só. Todas as coisas que acabei de lhe dizer têm a ver com a sua capacidade de transferir a sua mensagem, e transmitir essa mensagem de um jeito que o outro ache valioso, confiável e aceitável.

A boa notícia é que, se fizer isso no seu laptop e não frente a frente, você estará em casa. Quando se conecta virtualmente, você só tem de erguer o laptop para ficar no nível dos olhos. Talvez precise colocá-lo em cima de uma pilha de livros, mas ninguém vai ver o que está ali embaixo. Faça do jeito que conseguir.

O mais importante é se assegurar de transmitir a sua mensagem de um jeito que seja digno de crédito... um jeito que seja natural.

A questão é ser amistoso e comunicativo. É fazer os outros sentirem que estão sentados na sua cozinha, conversando como melhores amigos. Você quer que gostem de você. Para que isso aconteça, você tem de gostar de você.

Quero sentir que você adora o que faz e que acredita no que faz. Esse é o segredo. E, quando conseguir transmitir essa mensagem, você vai saber, porque, toda vez que manda uma mensagem, seja no QuickTime, no Zoom ou onde for, você grava, assiste, escuta a si mesmo e adora.

Assistir-se é o melhor treinamento que se pode ter. Você olhando você. Você escutando você — isso é que é. E, se conseguir chegar a um ponto em que "você gosta de você" (e vai levar tempo), os seus clientes começarão a reagir de um jeito novo. Um jeito positivo. Um jeito que vende.

"Você assiste a você" todo dia e lhe juro, a mensagem que você vai criar e transmitir se tornará boa, melhor e, finalmente, a melhor de todas. MAS você tem de fazer isso com constância.

Há mais de vinte anos faço desse jeito. Tenho muita experiência. É por isso que pareço e soo relaxado.

Tenho os meus lugares de conforto. Às vezes, estou na minha cadeira confortável. É como transmito muitas mensagens minhas. Outras vezes, como nas minhas lives no Facebook pela manhã, que fiz todo dia durante meses, estou sentado à minha mesa ou na biblioteca. Às vezes, fico em pé, porque é assim que quero transmitir a mensagem.

Veja os meus vídeos, tanto os sentados quanto os em pé. Para ficar à vontade em ambas as posições, se apresente dos dois jeitos. Depois, decida qual combina com a sua mensagem.

NOTA IMPORTANTE:

Se vai se comunicar com os outros na sua casa ou no seu escritório, seja em pé, seja sentado, você tem de parecer que é você mesmo. Nada formal, só relaxado, real e amistoso.

A sua tarefa número 1 é descobrir o que é confortável para você. Porque, quando se sente confortável, você transmite uma mensagem de conforto — e vice-versa. Quando se sente desconfortável, você parece desconfortável, soa desconfortável e perde o valor da transmissão positiva.

O cliente tem de perceber você como bom, legal, empático, digno de crédito; a sua mensagem tem de ser recebida por ele de um jeito compreensível, fácil de pôr em prática e transferível.

Jeffrey Gitomer

CONHEÇA, DEPOIS DOMINE, AS SUAS OPÇÕES VIRTUAIS E DE VÍDEO

Quais são as suas opções virtuais? Bom, uma das opções além do vídeo e das plataformas sociais é o podcast. Temos o podcast *Sell or Die* ("vender ou morrer"), que faço com a minha mulher, a grande Jen Gitomer, e falamos sobre vendas, entrevistamos pessoas e conversamos sobre a vida num formato relaxado e coloquial.

O podcast funciona porque é real, é engraçado, é relaxado e transmite uma mensagem de valor. Procure no iTunes e verá que temos mais de dois milhões de downloads. Por quê? Porque o nosso podcast é real. Ah, e está classificado como "E" porque, de vez em quando, soltamos um palavrão. Mas sabe qual é o resultado? Somos nós, são informações reais que as pessoas podem usar agora mesmo, e entrevistamos gente bacana. Você vai adorar os episódios.

Escute alguns episódios do nosso podcast. Não por nós; use-os como modelo que possa seguir. Quero que você os escute para reconhecer que fazer um podcast é relaxado, divertido e também pode servir para você.

IDEIA PODEROSA PARA PODCASTS: Convide os seus clientes para aparecerem no seu podcast. Consiga que o presidente executivo fale de liderança e filosofia empresarial. O que você acha que vai acontecer depois? Os convidados vão mandar o episódio a todo mundo. Todo mundo vai ouvi-los num podcast com você. O seu público vai crescer. Outros pedirão para ser convidados. Todo mundo sai ganhando.

VÁ COM CALMA. Você precisa estar pronto para fazer um podcast. É preciso ter o equipamento certo, transmitir com o programa certo, usar o formato de gravação certo, aparecer na plataforma certa — para começar. Também é preciso ter ótimas perguntas a fazer aos convidados. Parece que você terá de ler um livro sobre podcasts.

ESTUDE O CAPÍTULO DE KEN WALLS SOBRE COMO FAZER LIVES.
Escolha um ou dois jeitos que você acha que teriam valor PARA O SEU PÚBLICO.

Por que você não está fazendo lives no Facebook? Fiz uma toda manhã durante meses. Vá à minha página no Facebook. Tenho duas páginas no Facebook. Não sei o que estava fazendo no começo, mas há uma com uma foto minha que parece séria. É a minha página pública, e toda manhã, às 9h59, durante cinco meses, fiz uma transmissão ao vivo para milhares de pessoas do mundo inteiro — todos os dias.

Começou com umas cinco pessoas. E, com base na mensagem e no boca a boca, cresceu para centenas de pessoas toda manhã. No fim da semana, milhares de pessoas tinham assistido e reassistido cada episódio. SEGREDO: Aí remodelamos a live diária e publicamos a mensagem em todas as minhas outras plataformas nas mídias sociais.

O que acha que isso fez por mim? Muita gente se inscreveu no meu curso New Normal porque me ouviu na live diária do Facebook, centenas de pessoas, na verdade. Assim, entre o Facebook Live e um podcast, você agora tem a chance de aparecer ao vivo e gravar mensagens valiosas que pode transformar em dinheiro.

NOTA: Fiquei mais sofisticado graças a Ken Walls e comecei a transmitir pelo StreamYard.com. Isso me permitiu aparecer ao vivo no Facebook, no Instagram, no LinkedIn e no YouTube ao mesmo tempo.

Você tem a oportunidade de criar uma mensagem onde quer que esteja, a qualquer hora do dia ou da noite. Não a desperdice.

Você pode estar num Starbucks, pode estar na fila do aeroporto esperando para embarcar. Pode aparecer Ao Vivo em qualquer lugar. Mas a mensagem projetada tem de ser compreensível, tem de ser digna de crédito e tem de ser sentida pelo receptor como relevante e valiosa.

Se o ouvinte, o seu possível cliente, se sentir assim, então a sua mensagem será percebida como *transferível.*

O MEU SEGREDO: Apareci ao vivo diariamente durante meses. Construí um público com conteúdo valioso. Eu me conectei com clientes, me conectei com pessoas de valor, me conectei com pessoas que eu sabia que conseguiria ajudar.

FAÇA O SEGUINTE: Conecte-se com pessoas que possam ajudá-lo e se sintam compelidas a aceitar o valor da sua mensagem em vídeo. Convide--as a se juntar a você e participar. Juro que você vai vencer no Novo Normal.

FAÇA O SEGUINTE: Comece um podcast. Estude o processo. Arranje equipamento barato. ESTUDE o capítulo de Tara Counterman sobre Podcasts Lucrativos. E mergulhe fundo.

A minha antiga filosofia de conexão era: tente aprender algo sobre eles ou procure uma conexão em comum; depois, pegue o telefone e ligue. Agora, eu os convido para o nosso podcast.

Jeffrey Gitomer

Domine os podcasts lucrativos

Tara Counterman

Nota do autor: Tara Counterman é uma empreendedora de sucesso no setor de podcasts. Além de ser esposa e mãe, é isso o que ela faz. Suas ideias mudaram todo o nosso foco e a nossa estratégia nos podcasts, e está dando certo. Pedi a ela que criasse este capítulo para ajudá-lo a entender, criar, lançar e lucrar com seu podcast.

Existe uma coisa incrível na internet e no marketing digital: o poder deles é tão grande que, na verdade, consegue até lhe dar a capacidade de fazer o tempo desmoronar. O que mais você conhece que consegue isso? Francamente, que outro recurso é mais importante do que isso?

Você *sempre* pode criar mais dinheiro.

Mas o tempo, depois que se vai... não há absolutamente nenhum jeito de trazê-lo de volta.

Isso nunca foi mais evidente para mim do que enquanto via os meus filhos crescerem. Pisco e eles ganharam quinze centímetros e acrescentaram quinhentas palavras novas ao vocabulário.

Assim, antes de lhe ensinar a utilizar os podcasts para cultivar a sua própria empresa grande e crescente no conforto do seu lar (é sério, não é preciso nenhum estúdio nem equipamento complicado na #vidapospandemia), quero que você pense nisto:

Você trabalha pelo seu conteúdo? Ou o seu conteúdo trabalha por você?

Tara Counterman

Se você estiver preso na roda de hamster da criação de conteúdo para se conectar com o seu público e vender... acredite em mim, eu entendo. Já passei por isso, igualzinho a muitos profissionais de marketing antes de você. Temos essa crença de que o "trabalho duro" gera sucesso e a usamos como insígnia de honra.

O seu conteúdo é eficaz? Há algum jeito de se concentrar no conteúdo de alta qualidade e depois reaproveitá-lo para servir ao seu público sem ter de trabalhar mais?

Não, porque aí você não poderá usar a medalha de ocupado.

Ocupar-se ficou mais importante do que o impacto.

A verdade? Você pode obter sucesso sem esse jeito velho, puído e desatualizado de pensar. Afinal de contas, estamos no século XXI, e já é hora de subir de nível.

O tempo é o único recurso que não é renovável para você. Portanto, vamos aplicá-lo em **macroconteúdo** de alta qualidade. Vou lhe mostrar como transformá-lo em dinheiro fazendo **microconteúdo** que trabalhe por você.

O Método do Podcast Lucrativo foi projetado para você sair da rodinha de hamster e voltar a ser dono do seu tempo. Quando avaliei o que realmente fazíamos pelos nossos clientes e os processos que usávamos, separei tudo em cinco categorias principais: Propósito, Plano, Produção, Promoção e Lucro.

Cada um desses pilares é importantíssimo para criar um podcast que, além de lhe trazer popularidade, também produza vendas e cause impacto no resultado financeiro. Antes de examinarmos cada um deles, quero lhe mostrar uma imagem que ajudará a entender o conteúdo macro e o micro. Esse ponto de vista lhe permitirá entender melhor os conceitos que estou prestes a dividir com você.

Vejo muitos criadores, empreendedores e prestadores de serviço se concentrando primeiro no microconteúdo. Quando você dedica meia hora a uma postagem escrita, bom, essa postagem só pode ser escrita. As palavras na tela não criam voz nem evoluem para um vídeo num passe de mágica. (Até seria legal, mas acho que nem a tecnologia vai nos ajudar nisso.)

E, como nunca vão criar voz nem evoluir para um vídeo, elas são limitadas no modo de usar. É mais do que imperativo que você aprenda a aproveitar o conteúdo macro no seu negócio. Foi por isso que este livro nasceu.

Há muitas plataformas, e os seus clientes têm muitas maneiras de consumir conteúdo. Quanto mais você se expuser ao seu cliente ideal, mais provável será que ele compre de você. Em vez de passar meia hora ou mais numa postagem escrita, o que você conseguiria fazer com meia hora de vídeo? Veja o gráfico da próxima página.

CRIAÇÃO DE CONTEÚDO MACRO

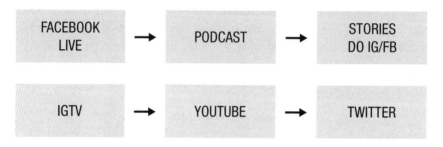

CRIAÇÃO DE CONTEÚDO MACRO

Se passar meia hora criando conteúdo de áudio e vídeo de alta qualidade, você poderá aproveitar o seu tempo e a sua energia em centenas de conteúdos menores. E, se é que sabemos alguma coisa sobre plataformas sociais, não haverá menos delas. As plataformas vão continuar surgindo, e o seu público vai continuar a acrescentá-las à lista de consumo diário.

É por isso que o vídeo ao vivo é tão poderoso. Agora, você começará a desenvolver e cultivar um banco de conteúdo a que você (ou a sua equipe) pode recorrer a qualquer momento e criar um mês inteiro de conteúdo em poucas horas. E você nem precisa se envolver.

P-O-D-E-R-O-S-O

E como um podcast se encaixa no conteúdo micro e macro?

O podcast é um dos tipos mais poderosos de conteúdo macro! Hoje, os seus clientes ideais estão ocupados. Quer tenham um emprego em tempo integral, quer tenham vários empregos, criem filhos, tentem equilibrar o trabalho em casa com o aprendizado à distância dos filhos, tentem se manter saudáveis (talvez perdendo até aqueles quilinhos a mais da quarentena) ou mergulhem na mais recente tendência das mídias sociais, há muita coisa acontecendo.

Você precisa encontrá-los onde estiverem e tornar o consumo do seu conteúdo a parte mais fácil do dia deles. Tão fácil que eles possam pôr o fone, pousar o celular e continuar com a vida.

As lives do Facebook são ótimas e, aliás, acho que você DEVERIA começar por elas, quando se trata do seu fluxo de conteúdo. No entanto, elas não oferecem a mesma facilidade de acesso e disponibilidade dos podcasts.

Além de ser mais fácil de consumir para os clientes, o podcast cria um espaço que lhe permite construir relacionamentos de mão única com centenas, milhares e até milhões de pessoas no mundo inteiro. Quando seguir o Método do Podcast Lucrativo em seu próprio programa, você conseguirá transformar esses relacionamentos em vendas sem nunca mais se preocupar com as métricas da vaidade.

Quando fizer um podcast para o seu negócio, é importantíssimo que você se concentre no seu ***propósito***. Tudo o que fizer no seu programa, o nome, o tema dos episódios, o formato e os anúncios, precisa se concentrar em quem é o seu cliente ideal e da jornada em que você vai levá-lo.

Quando você sabe aonde quer levá-lo, fica muito mais fácil chegar lá.

A pesquisa de mercado é valiosíssima na hora da criação de conteúdo, porque lhe permite entrar na cabeça do cliente ideal e descobrir as perguntas que ele se faz. Embora tenhamos a solução de que ele precisa, seja um produto, seja um serviço, temos de nos posicionar como o especialista que tem as respostas antes que ele tome a decisão de comprar.

Quando cria o efeito "Uau, eles leram os meus pensamentos", você vai construir credibilidade rapidamente com o seu cliente ideal. Com as ferramentas que os podcasts disponibilizam, você pode replicar isso continuamente. Concentre-se em conteúdo de alta qualidade que leve o seu cliente ideal à sua próxima oferta.

Ideias para pesquisa de mercado: crie um questionário para mandar à sua lista de e-mails, ofereça uma ligação gratuita, faça telefonemas de venda e anote todas as objeções e crenças limitantes, faça pesquisas ou perguntas abertas nas mídias sociais.

Vejo que o erro dos empreendedores e criadores de podcasts aqui é parar de fazer pesquisas de mercado e se concentrar no seu propósito. Tudo o que entra no seu programa (e no seu conteúdo em geral) deve sempre voltar a servir o cliente ideal. Ou seja, trazê-lo para mais perto de investir com você.

Isso pode ser feito com UM episódio intencional por semana, concentrado em desfazer crenças limitantes, superar objeções e dar a eles os conceitos ou princípios básicos que a sua oferta ou o seu serviço utiliza.

Sempre se pergunte: o meu gasto de tempo nisso está concentrado no meu propósito? Quando você é dono do seu tempo e faz o seu conteúdo trabalhar por você, vender fica mais fácil do que nunca.

Concentrar-se num único episódio intencional por semana foi algo que realmente nos esforçamos para fazer em *Sell or Die*. É fácil acreditar que criar mais episódios gera mais downloads, que mais downloads geram mais gente ouvindo e que mais gente ouvindo gera mais gente comprando.

MAS nem sempre é assim.

O seu conteúdo tem de ser intencional para transformar ouvintes em compradores. E nem sempre o seu cliente ideal quer ou precisa de mais. Na verdade, isso pode acabar por sobrecarregá-lo!

Por isso, é imperativo saber com quem você está falando, como esse ouvinte consome conteúdo e encontrá-lo onde ele estiver. Quando se concentra num episódio por semana que faça as pessoas dizerem "Uau, você leu os meus pensamentos", é possível, então, dedicar tempo a trazer mais tráfego para o seu programa. É assim que se faz mais gente comprar.

PASSOS DE AÇÃO: Para fazer o seu conteúdo trabalhar para você, comece descobrindo a quem você serve. Faça uma pesquisa de mercado e identifique exatamente quem é essa pessoa. Quais são os seus maiores temores, desejos, crenças limitantes e objeções. Depois de terminar a pesquisa, escreva um resumo de quem é o seu cliente ideal. Deixe esse resumo sempre por perto e consulte-o com frequência.

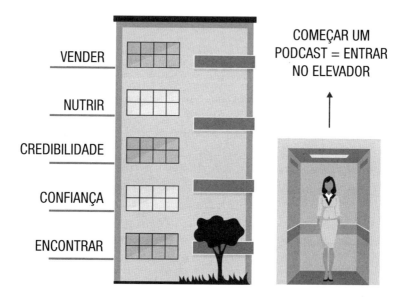

Agora que o seu propósito está claramente definido, precisamos nos concentrar num *plano* de ação! Para utilizar o seu podcast como ferramenta para expandir o seu alcance, você precisa ser eficiente e organizado nos seus processos.

Epa, eu sei que disse processos. A gestão da retaguarda é a parte menos sexy das vendas e do empreendedorismo. Mas eu não tocaria no assunto se não fosse imperativo, portanto continuem comigo.

Como avaliou onde o seu cliente ideal tem mais probabilidade de estar e de consumir conteúdo, você sabe onde deveria concentrar o seu esforço. Então, como pegar um conteúdo e transformá-lo em muitos?

A Gestão de Projetos será importantíssima para você. O podcast *Sell or Die* usa o Trello para se manter organizado e concentrado. A Profitable Podcast Productions prefere o Asana, e há dúzias de opções por aí para você. Escolha uma e terá um lugar centralizado para pôr tudo o que diz respeito ao podcast e à reapresentação.

Sempre é bom começar com a forma de conteúdo maior e diminuir a partir daí. O processo pode ser assim:

Fazer a live > pegar o áudio e editá-lo como um podcast > transformá-lo em anotações do podcast otimizadas para os motores de busca > criar duas postagens escritas sobre o podcast nas mídias sociais > criar dois stories no Instagram sobre o podcast > publicar as anotações e a postagem como um artigo no LinkedIn > pegar a postagem do blog e publicar como artigo no LinkedIn > criar 3 ou 4 postagens nas mídias com base na mensagem básica da gravação.

Essa é só a ponta do iceberg. Você também pode incorporar YouTube e IGTV. Como se vê, é possível fazer muita coisa para maximizar o conteúdo. Portanto, escreva o seu plano, crie um sistema de gestão digital e mantenha a constância para ficar sempre organizado.

É claro que planejar os seus sistemas e estruturas não é o único plano de que você precisa. Também é necessário incorporar o podcast nos seus planos de lançamento! Quer você tenha um produto, um serviço, uma empresa de *coaching*, quer tenha outra coisa, é provável que esteja planejando grandes lançamentos ou os faça continuamente.

E, na verdade, lançamento significa marcar uma hora para você se concentrar em vender alguma coisa.

Quando planejar isso para o seu negócio, planeje também de que modo incorporar os seus lançamentos. Você tem um curso ou algumas vagas na agência que quer preencher? Planeje um lançamento.

Lançar e usar o seu podcast é bem simples.

Crie um anúncio de 30 a 45 segundos que seja breve e objetivo. Mantenha-se concentrado na transformação que o seu cliente ideal quer ou na dor que ele tenta evitar.

Esse anúncio muda dependendo de como é o lançamento e das diversas fases do lançamento, mas é fundamental que leve pessoas ao seu funil. As pessoas só vão saber que você tem algo a oferecer quando fizer a oferta. E, em plataformas como o iTunes, é comum não perceber que o anfitrião tem um negócio capaz de ajudá-lo ainda mais do que o consumo do seu conteúdo gratuito.

Você. Tem. De. Lhes. Contar.

Na descrição do iTunes e do site do seu podcast, sempre acrescente links fáceis de acessar que levem ao conteúdo que você estiver promovendo. É bom que tudo seja acessível e facílimo para os seus ouvintes. Quando há opções demais ou quando é preciso procurar muito, a decisão das pessoas é fácil: elas param. Não compram. Portanto, mantenha tudo fácil e acessível — sempre!

A maioria que faz podcasts não os usa para o seu negócio porque pensa neles como uma entidade separada. É o lugar onde servem ao público de graça, ou, melhor ainda, onde despejam incontáveis horas ou dólares só para montar alguma consciência da marca.

A maioria dos especialistas ou gurus desse espaço não maximiza o que a plataforma pode fazer por eles. Planeje isso nos seus lançamentos. Planeje vender no seu programa.

Depois, assista ao que essa plataforma realmente pode fazer por você.

O próximo pilar do Profitable Podcast Method™, o método do podcast lucrativo, é a **produção**. Aqui, vou manter tudo simples porque, sinceramente, há muita tecnologia envolvida e, até que este livro seja publicado, as coisas podem mudar. As plataformas vivem evoluindo. O principal que quero lhe incutir é que você não tem de fazer isso sozinho.

Se realmente quiser assumir o papel de presidente executivo do seu negócio, se quiser se concentrar em vender e servir ao seu cliente, então procure ajuda para a retaguarda do seu podcast. O grau do seu envolvimento, quando você puder, é planejar o conteúdo em torno dos seus lançamentos e de outras partes do negócio e gravar esse conteúdo.

Se ainda não chegou aí, não se preocupe! Eu me lembro de fazer tudo sozinha quando comecei também! Há muitas ferramentas gratuitas e baratas que se pode utilizar, como Audacity para editar e Sonix.ai para transcrever episódios.

E ensinamos os nossos alunos a gravar no conforto do lar, com equipamento mínimo. Para o som ter alta qualidade, arranje um microfone (comecei com um de 67 dólares que comprei na Amazon), baixe o Zoom e procure um lugar acarpetado, com teto baixo.

O som é importante para se conectar com o seu cliente ideal. Você quer ser claro e soar profissional, mas isso não significa, de jeito nenhum, que tenha de fazer as malas e ir gravar num estúdio!

Depois de gravar o seu episódio, está na hora de passar à Promoção!

É aí que o processo fica divertido e lhe permite trabalhar menos enquanto constrói mais relacionamentos! Vejo que uma quantidade grande demais de podcasters passa muito tempo na retaguarda do programa, aperfeiçoando o som, subindo para a plataforma, e aí só falam do podcast uma única vez nas mídias sociais.

Bem, literalmente, você está construindo uma biblioteca riquíssima de conteúdo para os seus clientes encontrarem, se fartarem e se tornarem compradores. Quando se pensa dessa maneira... por que não ***promover*** mais?

A meta do conteúdo do seu episódio é construir relacionamentos, nutrir e preparar os seus ouvintes para o que você tem a oferecer. Quando faz isso com eficácia e leva as pessoas à plataforma, você as coloca dentro de um funil perene que lhe trará continuamente novos clientes ou consumidores.

A regra 80/20 é ótima para se manter sob controle! Aplique 80% do seu esforço (ou do esforço da sua equipe) para promover o conteúdo do seu podcast e os outros 20% do tempo para criá-lo.

Você nunca sabe o que vai atingir a pessoa certa na hora certa.

Digamos que Jeffrey esteja à toa, rolando as mídias sociais, e encontre um podcast. Ele nunca viu o programa, mas o tema do episódio não é exatamente algo que ele precise consumir agora. Ah, está na hora de correr para uma reunião. Então, Jeffrey larga o celular e não pensa mais nisso.

Aí, algumas semanas depois, o mesmo podcast aparece; dessa vez, o tema é algo que desperta a curiosidade de Jeffrey. Ele lê a postagem e realmente parece que seria bom escutar o podcast. Ele vai ao iTunes, procura o episódio e o escuta na hora ou o baixa para a próxima vez que quiser ouvir um podcast.

Jeffrey adora o episódio, se inscreve, continua a ouvir os novos lançamentos E volta para ouvir também os episódios anteriores.

Agora, se não tivesse promovido o seu episódio ou não tivesse promovido o suficiente para que ele aparecesse no feed de Jeffrey, o anfitrião teria deixado de ganhar um novo ouvinte entusiasmado. A gente nunca sabe quando a pessoa certa estará no estado de espírito certo para se tornar um superfã.

Faça um favor a si mesmo e mantenha o seu podcast no primeiro plano da mente dos seus seguidores.

Finalmente, o momento que sei que você mais esperava. Tara, como uso o meu podcast para gerar **LUCRO**?

Se seguir todas as recomendações deste capítulo e deste livro, você já estará bem avançado no caminho! Mas vou lhe deixar mais algumas dicas para criar um podcast que gere mais lucro para o seu negócio.

1. **Sempre se concentre no seu cliente ideal e na transformação em que ele está.** O que ele precisa ver, ouvir, sentir e fazer para acreditar que você é o especialista que pode levá-lo aonde ele quer ir.

2. **Planeje o seu podcast nos seus lançamentos.** Incorpore a sua própria estratégia publicitária (não anúncios patrocinados por terceiros). Se estiver fazendo uma série de lives no Facebook ou em outra plataforma, pegue o áudio, ponha no seu podcast e publique com clareza o link onde o seu ouvinte pode se inscrever. Traga clientes antigos como convidados e discuta a transformação deles com o seu programa ou serviço.

3. **Utilize o marketing de afiliados.** Pergunte aos convidados do seu programa se eles têm um programa de afiliados para o que querem promover (ou faça disso uma exigência) ou acrescente às suas anotações e descrições links para tudo a que você é afiliado. O marketing de afiliados pode ser mais uma fonte de receita para você!

4. **Pense fora da caixinha.** Procure sempre maneiras de inovar e incorporar ao seu programa o que dá certo nas suas outras plataformas.

O podcast pode ser uma parte imensa da sua estratégia de marketing e geração de receita.

Exigirá que você pense fora da caixa.

Que olhe além das normas do setor.

E que incorpore tudo isso ao seu negócio.

Quando dominar essas coisas, será a plataforma que continuará rendendo. Então, o que está esperando?

AÇÕES DO DESAFIO 4

DOMINE A SUA NOVA MENSAGEM.

- Crie para si um espaço que pareça ótimo para o seu público.
- Descubra e implemente a sua melhor opção de fundo virtual.
- Faça lives no Facebook ou numa das principais plataformas de mídia social e fale da sua perícia e experiência uma vez por semana.
- Assista ATIVAMENTE aos seus próprios vídeos (faça anotações para melhorar).
- Faça e implemente um plano de reaproveitamento de conteúdo.
- ESTUDE o texto de Tara Counterman sobre Podcasts Lucrativos.
- Siga o plano de ação de Tara para podcasts.
- Comece um podcast com um tema que atraia clientes e possíveis clientes.
- Escute ATIVAMENTE o seu próprio podcast (faça anotações para melhorar).
- Convide clientes em cargos elevados como primeiros amigos.
- Faça e implemente um plano de reaproveitamento de conteúdo.
- A constância vence.

5
DOMINE AS SUAS MÍDIAS SOCIAIS

Qual é a sua pegada social atual? (Diante de quem você está?)

Quantas conexões sociais você tem? (Com quem está conectado?)

O que você está fazendo para ser top of mind? (Que mensagens de valor está publicando?)

Quantas conexões sociais você QUERIA ter? (Muito mais do que tem?)

Se eu procurar você no Google, o que vai aparecer? (Você domina as primeiras páginas?)

Isso é o que seu cliente ou possível cliente vê. (AI!)

ESTRATÉGIA: Aonde os seus clientes vão? Vá lá!

Como os seus clientes encontram você agora? Fique lá mais vezes com uma mensagem de valor!

Onde você gostaria que eles fossem procurá-lo? Convide-os!

O meu desafio a você é simplíssimo: construa a sua presença social de valor e dobre as suas conexões sociais.

Pessoalmente, eu queria expandir a minha pegada social e, durante meses, fiz uma live diária no Facebook. Funcionou. Milhares e milhares de pessoas do mundo inteiro assistiram ao meu evento diário e, em consequência, mais pessoas me seguiram.

Você deveria fazer uma live toda semana. É preciso visitar todas as plataformas onde você publica e interagir e se engajar diariamente com as pessoas que interagem e se engajam com você, principalmente no LinkedIn, porque é a plataforma de negócios.

No LinkedIn, você pode criar encontros com base em conexões, pode mandar mensagens às pessoas com quem se conecta pela primeira vez ou com quem quer se conectar, mas tem de haver algo de valor. Um arquivo para baixar, um livro eletrônico, algo que as pessoas considerem valioso, algo que possam compartilhar com as outras. Aí você pode começar a aparecer em transmissões ao vivo e pré-gravadas para aumentar o seu alcance.

A minha pegada social aumentou e melhorou exponencialmente com um podcast que atrai gente para as minhas redes sociais. Todas essas oportunidades estão disponíveis agora mesmo, e quase todas são gratuitas. Você tem uma oportunidade e uma capacidade extraordinárias de apresentar uma mensagem atraente e baseada em valor que aumenta a sua estatura e a sua reputação.

Essa é a oportunidade real.

Crie uma meta e tenha a *intenção* de ser mais presente e *interativo* nas mídias sociais. Faça isso em todas as plataformas. Por onde começar? É mais fácil começar no LinkedIn. Aonde ir depois? É mais fácil ainda. Vá para o Facebook, mas aonde ir depois dele? Bom, isso vai depender de aonde vão os seus clientes. Talvez você queira ir para o YouTube ou o Instagram e procurar.

Se for B2B, é bom apostar no LinkedIn e aparecer ao vivo, ou aparecer ao vivo no Facebook, mas, aonde quer que decida ir, tenha um canal no YouTube com os seus depoimentos lá também.

A sua pegada social, a sua presença social, é o poder da sua mensagem e da sua marca, tanto em termos empresariais quanto sociais. E você pode criá-la investindo seu tempo. No mesmo tempo que desperdiça maratonando alguma série na Netflix, você poderia estar publicando mensagens de valor e dominando o seu alcance e a sua pegada sociais. O desafio que lhe faço é que isso não é mais uma opção.

"Ora, Jeffrey, não estou no Twitter." Pois bem, quinhentos milhões de pessoas estão no Twitter. Talvez fosse bom experimentar. Aliás, esse não é só um desafio; é chamar a sua atenção para a oportunidade desperdiçada, a oportunidade perdida de criar renome para você e para a sua reputação.

OBSERVE BEM: Onde quer que os seus clientes estejam, aonde quer que eles vão socialmente, é lá que você precisa estar, bem na frente, com uma mensagem de valor, não com papo de vendas.

A NOVA VERDADE sobre o fechamento de VENDAS VIRTUAIS.

Todo vendedor procura o melhor jeito, o jeito mais rápido e fácil de "fechar" uma venda.

Mais do que a natureza humana, para os vendedores fechar a venda é tanto um desejo quanto uma necessidade. E o resultado é totalmente mensurável. Você ganha ou perde. Não há segundo lugar nas vendas.

Muita gente acha que "fechar a venda" é o ponto mais importante do processo. Todas essas pessoas estão erradas, ainda mais no mundo virtual. Fechar a venda começa ANTES do início da apresentação de venda.

O cliente procura você no Google DURANTE a sua apresentação virtual. Ele quer provas para se sentir confiante e avançar.

Jeffrey Gitomer

A venda não é "fechada", é *conquistada*. E a "aprovação social" é a MELHOR maneira.

Na minha carreira, aprendi duas palavras poderosas que completam o processo de venda. Elas me permitem terminar a venda sem desconforto nem hesitação. Quando chega a hora de dizer essas palavras, sei no fundo do coração que a venda é minha.

As duas palavras são É JUSTO, e são ditas ao possível cliente sob a forma de uma pergunta. "É justo?"

"É justo" é a afirmação mais poderosa para confirmar a intenção de comprar do possível cliente. Você *pode* se referir erroneamente ao "sim" do cliente como "fechar a venda". Isso não é bom.

"É justo" pede um compromisso e valida o valor e a justeza da sua oferta. Se a sua oferta for valiosa ou percebida como valiosa pelo possível cliente, as palavras "É justo" sempre serão seguidas pela resposta afirmativa. E vice-versa.

As palavras "É justo" também são um autoteste. Você percebe que a sua oferta é tão valiosa que, quando pergunta "É justo?" ao possível cliente, sabe, na mente e no coração, que na verdade É bastante justo. Sempre se pergunte se "é justo" ANTES de fazer uma apresentação de vendas. Se puder responder "sim" à sua própria oferta, é provável que o possível cliente também responda.

A sua aprovação social na internet confirma a sua pergunta "É justo"?

As palavras "é justo" pedem um "sim" e uma confirmação para avançar. São diretas, totalmente compreensíveis e não manipuladoras. Não contêm as frases "Vê alguma razão para não continuar?" nem, pior ainda, "Há alguma razão para você não fazer isso hoje?" Essas são expressões de venda do pior tipo, velhas e idiotas.

"É justo" é incisivo, poderoso e positivo. E você não precisa esperar o fim da apresentação para perguntar. Pode enfiá-la uma ou duas vezes durante a apresentação para se assegurar de que você e o possível cliente concordam e estão avançando.

"É justo" leva você da apresentação à conquista do negócio.

PENSE NISSO: Se tiver um monte de slides de apresentação e se oferecer para mandar algum tipo de proposta no final, você nunca pode usar as palavras "É justo".

O seu trabalho como vendedor é descobrir como a sua apresentação pode culminar com as palavras "É justo" e que o valor percebido e aprovação social da sua apresentação sejam suficientes para o cliente dizer "Sim, é bastante justo".

Se o possível cliente disser "Isso soa bastante justo" ou lhe der algum tipo de "sim", não será só uma compra; será também uma avaliação de que a sua oferta foi entendida como valiosa o suficiente para avançar.

COMECE AQUI: Antes de fazer apresentações virtuais, revise toda a sua apresentação de vendas e veja onde as palavras "É justo" se encaixam. Se não houver lugar para elas, então o mais provável é que a sua oferta não seja bastante justa e seja recebida com algum tipo de resistência ou paralisia.

Esse processo de revisão exige trabalho da sua parte e talvez signifique que você tem de construir a sua presença online e conquistar mais aprovação social.

Depois que a sua presença online for sólida e estiver estabelecida, reveja a sua apresentação de vendas. Isso é bom! Provavelmente, significa que você teve de fazer mais perguntas, descobrir qual é o motivo de compra do possível cliente e se assegurar de ter ofertas de valor que estejam em harmonia com as verdadeiras necessidades dele e dos seus motivos para comprar.

Se for capaz de dar ao possível cliente a resposta que ele espera, você terá criado a suprema experiência de compra. Fazer a pergunta "É justo?" se tornará uma alegria. Uma alegria financeiramente compensadora.

Acabei de lhe revelar um grande segredo da venda — um segredo que, quando dominado, tem o potencial de dobrar as suas vendas e aumentar de forma significativa os seus proventos. Você só precisa criar uma estratégia para incorporá-lo.

É justo?

AÇÕES DO DESAFIO 5

DOMINE AS SUAS MÍDIAS SOCIAIS.

As plataformas de mídia social são o seu jeito (gratuito) de alcançar o mundo num nanossegundo. O desafio é se conectar com o SEU mundo e influenciar e atrair as pessoas com a sua mensagem. A palavra-chave para entender como fazer a atração e a influência acontecerem é "VALOR".

- Inscreva-se e comece/crie/aprimore uma página em todas as plataformas.

- Concentre-se nas plataformas que os seus clientes e possíveis clientes mais visitam, mas não ignore as plataformas onde VOCÊ possa se informar e ser influenciado.

- Na sua rotina matinal, escreva algumas mensagens de valor para publicar.

- Não tenha medo de PEDIR respostas e opiniões.

- Se vai fazer ofertas (vender alguma coisa), ponha o valor em primeiro lugar. Uma lista, um gráfico, um artigo… algo de valor. Algo de interesse. Pegue o e-mail deles em sua resposta e venda a partir daí. VALOR PRIMEIRO.

- Se ninguém responder nem comprar, NÃO DESISTA; CONSERTE.

- Colete e conquiste APROVAÇÃO SOCIAL. Se os seus clientes o amam, amam o seu produto ou serviço e amam o trabalho que você faz, peça que digam isso socialmente.

Domine a sua pegada social dobrando o seu alcance e a QUALIDADE das suas conexões sociais.

Jeffrey Gitomer

6
DOMINE A SUA APROVAÇÃO NAS MÍDIAS SOCIAIS

Você tem 5 estrelas?

Pense em como você classifica e dá *feedback*. Você dá 5 estrelas a livros, restaurantes, hotéis, bares ou cervejas? Menos de 5 estrelas? Já classificou um produto que comprou na Amazon? É claro que sim. Às vezes, você até deixou comentários.

Depois de comprar produtos ou visitar lugares, as pessoas classificam a compra ou a experiência de 1 a 5. TripAdvisor, Yelp, Amazon, carros, Airbnb. Até funcionários. É um fenômeno global que chegou para ficar.

Portanto, vamos inverter a pergunta: **Você tem 5 estrelas? Ai!**
Os seus clientes lhe dariam 5?
As suas conexões sociais lhe dariam 5?
O seu chefe ou o seu funcionário lhe dariam 5?

"Cinco estrelas" é aprovação social. Portanto, como comprovar o seu "5" se não há classificação? Há outras maneiras de ganhar um 5. Você pode conseguir referências das pessoas, pode obter a publicação de comentários escritos ou vídeos com a voz dos clientes nas mídias sociais.

Você conquista os 5 ou os pede? É muito melhor conquistá-los. Elogios não solicitados. Esse é o segredo. Você deve recebê-los por alguma razão. Talvez tenha prestado um serviço extraordinário, talvez a sua qualidade seja incrível, talvez tenha feito algo memorável, talvez simplesmente seja fácil fazer negócios com você. Seja o que for, esse elogio é melhor do que milhares de anúncios se gabando de você.

O poder do 5... vou lhes contar como é esse poder. A voz do seu cliente é mil vezes mais poderosa, talvez um milhão de vezes mais poderosa do que a sua. É aprovação. A fronteira final da credibilidade do consumidor.

Jeffrey Gitomer

Elogios não solicitados geram indicações não solicitadas.

Jeffrey Gitomer

Quando diz isso sobre si mesmo, você está se gabando. Quando os clientes dizem sobre você, é aprovação. Você quer que os seus clientes digam algo bom sobre você em texto ou, de forma mais poderosa, em vídeo — um vídeo sobre o serviço extraordinário que você prestou ou algum evento que ocorreu, algo que você disse ou alguma ação realizada.

Eles se gabam de você ou do seu negócio de um jeito que seria impossível para você. Essa aprovação social levará você a fazer muito mais negócios do que faria sozinho.

Assim, um grande segredo para você neste Novo Normal é construir com os seus clientes relacionamentos extraordinários e baseados em serviço, até um ponto em que eles se sintam contentes e dispostos a dizer algo ao seu respeito em vídeo nas mídias sociais.

Porque, se não se sentirem assim, você terá de se gabar de si mesmo o tempo todo. E isso não vai dar certo no Novo Normal. O que dará certo no Novo Normal são as pessoas dizendo online que você é ótimo.

APROVAÇÃO DAS APROVAÇÕES: Como você já leu, fiz uma live no Facebook durante um bom período, toda manhã às 9h59. Tenho uns quinhentos depoimentos me agradecendo pelo que fiz. Isso é uma bênção.

Posso pôr essas palavras de elogio em qualquer lugar. Posso publicá-las em qualquer lugar. Se eu pedisse vídeos na minha página do Facebook, receberia cem deles amanhã. Na verdade, acho que vou fazer isso. Mas o resultado para você é que é preciso conquistá-los. Não se pode só pedir.

Você tem de conquistar esse direito. Então, os clientes concordarão com alegria. Essa é a sua hora de emergir socialmente.

Todo mundo finalmente está aceitando. As pessoas que ficaram um mês ou dois em casa estavam online no mundo virtual todos os dias. As pessoas se reuniam no Zoom, no Facebook, no LinkedIn, no Microsoft Meetings, até no Skype. Hoje, as reuniões e vendas virtuais de todos os tipos são "normais". As reuniões ao vivo e a participação social agora são "normais".

O seu trabalho é construir a sua plataforma virtual até que ela seja tão valiosa que as pessoas se disponham a falar em seu nome, lhe agradecer pelo que está fazendo e dizer aos outros que você é ótimo. Elas compartilham a sua excelência. Legal, não é?

AÇÕES DO DESAFIO 6

DOMINE A SUA APROVAÇÃO NAS MÍDIAS SOCIAIS

- Que ações você está realizando em nome dos seus clientes que os levariam às plataformas sociais para lhe dar 5 estrelas ou mandar um depoimento em vídeo?

- Tudo bem pedir um comentário social. UMA VEZ.

- Todos os seus clientes vão procurar provas de que você é quem diz ser e que o seu produto ou serviço são o que você diz ser — EXATAMENTE COMO VOCÊ FAZ.

- Peça ou conquiste aprovação ou depoimentos em cada uma das suas plataformas sociais. ISSO NÃO É OPÇÃO.

- Quanto mais aprovações você postar, mais o Papai Google vai amar você.

REALIDADE: A aprovação social lhe trará negócios, mas você não pode pedi--la nem obtê-la sem solicitação se não a conquistou.

Jeffrey Gitomer

7
DOMINE O HUMOR

Por que o humor é tão importante no Novo Normal? Porque as pessoas precisam rir.

É por isso que o Capítulo Oito de *O livro vermelho das vendas*, que você tem ou deveria ter, se intitula: "Se consegue fazê-los rir, pode fazê-los comprar."

Não recomendo contar piadas. Não é "três sujeitos entram num bar". É contar histórias com as quais os outros consigam se identificar, que achem engraçadas e sejam emocionalmente envolventes. Ninguém precisa dar uma gargalhada, mas todos têm de sorrir.

As histórias vencem as piadas.

GRANDE DICA: O humor é a forma mais elevada de inteligência. Quando se estuda uma língua estrangeira, o humor é a parte mais difícil de aprender. O humor relaxa. Cria o clima. O humor provoca aprovação tácita quando o outro ri. O outro relaxa quando você conta uma história sobre algo que aconteceu e que o faz rir ou sorrir. E acho que essa é a parte mais importante do poder do humor. As pessoas se identificam com você pelo riso.

Eis um sorriso. Espero que você se identifique com ele. Durante a pandemia de Covid, ficamos trancados em casa e tivemos de limpar o nosso espaço. Sim, tínhamos uma faxineira, mas agora o serviço é todo nosso. A nossa filha de 11 anos, a pequena Gabrielle Gitomer, fazia parte da equipe de limpeza. Eu disse: "Gabrielle, pegue o miniaspirador e limpe essa poltrona." "Tudo bem, pai", ela disse e pegou o aparelho no gancho. Era a primeira vez que o usava e ela não sabia ligar direito. Clicou num botão, o aparelho se abriu e todo o pó do aspirador caiu. Achamos engraçadíssimo, e todos rimos juntos. Rir juntos espontaneamente de algo engraçado, além de relaxar, realmente faz as pessoas prestarem atenção. Conte histórias que estejam relacionadas com a sua mensagem ou que levem a ela.

Estudo o humor há mais de cinquenta anos. A minha biblioteca está cheia de Groucho Marx; *The Honeymooners*, com Jackie Gleason, Audrey Meadows, Art Carney e Joyce Randolph é meu seriado cômico preferido de todos os tempos. Tenho vários livros autografados e fotos de todos eles. Eu me cerco de coisas que amo e de coisas que me fazem sorrir. Você verá coisas divertidas se visitar o meu ambiente.

Um pôster de Lucy (dos quadrinhos dos "Peanuts") dizendo: "Vote no idiota que você escolher", Fonzie, Alfred E. Neuman e as coisas da minha infância que me fizeram sorrir e me fizeram rir.

O humor é relaxante para mim, não só para os outros, e faz eu me sentir bem por dentro. Leio trechos de humor o tempo todo, sejam quadrinhos, livros ou contos engraçados, ou procuro arte humorística... coisas que me mantenham num ótimo estado de espírito.

OBSERVE BEM: Não é só o que você faz para transmitir a sua mensagem. É como você constrói a sua própria atitude interna, com sorrisos, humor e risadas.

PARE COM ISSO, COMECE AQUILO: Pare de assistir violências e comece a assistir humor. Qualquer filme para crianças tem ótimo humor. Assista-os.

Você consegue transferir melhor a sua mensagem com humor. O humor faz o outro se sentir mais próximo de você, porque você o fez rir. Se consegue fazê-los rir, pode fazê-los comprar.

E não se esqueça de que, no fim do humor, está o ápice da escuta. Você vai a um espetáculo de comédia. Fica lá sentado e escuta o comediante; ele faz você rir. Então, ele começa a falar de novo. Todos ficam em silêncio, porque não querem perder o que vem depois. No fim do humor está a atenção à escuta.

Estude o humor até ficar tão familiarizado que consiga usá-lo.

Conte uma história que faça o outro sorrir; você o relaxará o suficiente para que goste de você, se identifique com você, se envolva com você e, finalmente, compre de você.

Jeffrey Gitomer

Rir primeiro faz a venda durar

Ei, tirei uma foto nova. É tudo uma questão de tempo; a outra tinha quatro anos. Perdi um pouco de cabelo desde a última... Tudo bem, tudo bem, perdi muito cabelo desde a última. Mas não percebi: caiu um fio de cada vez.

Há duas maneiras de olhar a minha perda de cabelo.

1. **Ai, céus, estou perdendo o cabelo, pobre de mim.**
2. **Não resta muito a perder.**

Tentei usar o meu infortúnio (se você quiser olhar pelo lado da vaidade) como oportunidade de rir de mim e fazer os outros rirem.

Por exemplo, num seminário, digo "Na verdade, não estou perdendo o cabelo. Sou um doador de cabelo. Doo cabelo a pessoas menos afortunadas do que eu" — e aponto alguém com muito cabelo. E acrescento: "O Hair Club masculino me recusou. Disseram que é preciso ter *algum cabelo* para entrar."

Ou então, digo: "Uso gravatas bacanas porque sei que ninguém vai chegar para mim e dizer: 'Jeffrey! Seu cabelo está ótimo!'"

A coisa do cabelo tem sido financeiramente benéfica. Por exemplo, uso pouquíssimo xampu e menos condicionador ainda. Levo pouquíssimo tempo para me pentear e sobra muito tempo para trabalhar em outras áreas da beleza.

Na semana passada, alguém quis que eu me descrevesse para me reconhecer no avião. Eu disse: "Tenho um metro e oitenta, peso uns 85 quilos, uso cabelo curto... e parte dele está faltando" (meu cliente cai na gargalhada).

Outro dia, em Dallas, precisei cortar o cabelo e estava num daqueles hotéis chiques. Imaginei que não sairia muito caro e mandei cortar sem perguntar o preço. Cobraram cinquenta dólares. Perguntei ao cara: "Como é, um dólar por fio?"

Bom, o humor parece destinado a estar no material da minha apresentação, porque claramente o cabelo não estará. Qual é o ponto central do seu humor? Você tem algum?

Principal dica: Fazer as pessoas rirem ou sorrirem as deixa à vontade e cria um clima mais favorável ao acordo. Se concordarem com o seu humor, é mais provável que concordem com a compra do seu produto ou serviço.

- *Escolha algo que seja engraçado para você.* A falta de cabelo costumava me incomodar — agora, não mais (não muito). Hoje, busco maneiras de rir do que não posso mudar.
- *Escolha algo que seja pessoal para você.* Se é sobre você, é confortável para você.
- *Desenvolva frases testadas para fazer os outros rirem — nada que seja batido.* Experimente as frases com amigos e colegas de trabalho primeiro. Se rirem, use. Se fizerem cara feia, todos farão.
- *Evite o politicamente incorreto.*
- *Cuidado com humor étnico ou que envolva gênero.* Minha recomendação: não use.
- *Ria de si mesmo.* Tudo bem apontar o dedo para si mesmo. Não é NADA BOM rir às custas dos outros.
- *Não exagere.* Use uma ou duas vezes e siga em frente.
- *Corra pequenos riscos humorísticos.* Quando o outro sujeito é careca, digo: "Sabe, a primeira coisa de que gostei em você foi seu cabelo". Ele ri e ficamos um pouco mais próximos por ter um "sofrimento em comum".

Acredito que fazer os outros sorrirem é um grande segredo das vendas. Os possíveis clientes podem não se interessar em saber do seu produto, mas estão sempre em busca de risos ou sorrisos.

Quer alguns temas seguros?

- **crianças (o que fizeram ou disseram)**
- **trânsito (o que você disse ou viu)**
- **repetir um seriado ou programa de TV (com citação da fonte)**
- **coisas próprias (cabelo, roupa, maquiagem, sapato)**
- **habilidades próprias (golfe, tênis, corrida, exercícios)**
- **autoaprimoramento (decepções no estudo ou nas etapas)**

Desenvolver o humor leva tempo. Como todas as habilidades das vendas, o humor tem de ser aprendido. E, sim, algumas pessoas são "naturalmente mais engraçadas" do que outras. MAS, se não for muito engraçado, você pode aprender. A melhor maneira de desenvolver o humor é prestar atenção ao que acontece com você.

Outro dia, eu estava no chuveiro, num hotel, e abri um frasco novo de xampu. Depois de usar e tampar de novo, observei: "A gente sabe que não tem muito cabelo quando usa o xampu e parece que nem fez falta no vidro". Ri de mim. E você?

"Se consegue fazê-los rir, pode fazê-los comprar"

Jeffrey Gitomer

Lição da risada. Escute só essa.

Ho, ho, ho.

Não, não é Natal. Mas é temporada da alegria. Sempre é a temporada da alegria. Algumas pessoas veem isso como uma "risada". Vejo como dispositivo de aprendizado, ferramenta de escuta, prendedor de atenção, autocurador, ferramenta poderosa de venda e, é claro, divertido.

Um comissário de bordo da Alaska Airlines começou o "anúncio de segurança de voo" com a declaração: "Bem-vindos ao voo nº 320 da Alaska Airlines para São Francisco. Se você não vai a São Francisco, esta é a melhor hora para descer do avião, e um dos nossos amáveis agentes vai orientá-lo na direção correta."

Sorri — como o resto dos passageiros.
Prestei atenção — como o resto dos passageiros.

"Meu nome é Mark, sou o chefe dos comissários de bordo." Ele continuou: "Minha ex-mulher, Sandra, e o seu novo namorado, Bill, vão servi-los hoje. Será um voo interessante." Nisso, eu ria (e escutava). Foi assim com todos os passageiros do avião. E escutei CADA PALAVRA que ele disse a partir daí.

Houve anos em que peguei avião mais de cem vezes, e NUNCA escuto as instruções de segurança — ah, ouço os murmúrios, mas não ESCUTO (não presto atenção) ao que dizem. Nesse voo foi diferente. Depois da primeira piada, escutei a seguinte (e as instruções). Esse cara era genuinamente engraçado.

O objetivo das instruções de segurança, ou de qualquer comunicação oral, é fazer as pessoas ESCUTAREM. Senão, por que falar? Se já viu o jeito como as "instruções de segurança" são dadas nos aviões, você sabe que é de chorar. Um comissário ou comissária escondido atrás de uma parede lê um roteiro em voz monótona enquanto outro faz roboticamente os movimentos, numa pantomima do que o primeiro diz. É uma piada... mas uma piada patética. Ninguém escuta.

Agora, nos aviões mais novos, eles têm vídeos de segurança em que há uma pessoa de todas as raças, credos e orientações religiosas em cada cena, e todos são de plástico (com um piloto homem e branco, é claro). Essa inovação tecnológica tem uma coisa em comum com o antecessor "humano": ninguém presta atenção. É sem graça. A comunicação não tem nada de atrativo. No começo, eles imploram que você preste atenção a esse IMPORTANTE anúncio de segurança. Ninguém presta, nem mesmo a tripulação.

As pessoas escutam você? Tem certeza?
Elas escutam a sua apresentação? Tem certeza?
Elas prestam atenção às suas comunicações importantes? Tem certeza?

GRANDE DICA: Quanto humor há na sua comunicação?

Eis a regra: o riso leva à atenção.

O que você disser DEPOIS de algo engraçado será ouvido e lembrado dez vezes mais do que se ficar só falando e "achar" ou "esperar" que os outros ouçam — e muito menos que escutem. *Em resumo, o riso leva à atenção e cria o melhor ambiente para escutar.*

O que leva o riso a fazer os outros escutarem melhor? É fácil: todos preferem estar rindo. Depois da primeira risada, você quer — talvez até espere — outra. Não fiquei desapontado com aquele comissário de bordo da Alaska Airlines. Depois da primeira rodada de risadas, ele continuou: "Se pegarmos você fumando, vamos jogá-lo do avião na mesma hora. E se você trouxe uma TV a bordo, ela não vai funcionar." Então, ele fez o anúncio sobre cigarros e aparelhos eletrônicos. Perfeito. Rir, depois escutar. Todas as pessoas no avião prestaram a máxima atenção.

O que o poder do riso pode fazer por você e pelas suas vendas? Escute bem. (Por favor, preste atenção, isso é MUITO importante MESMO.) Depois de rir:

- **O possível cliente está escutando.**
- **O possível cliente está mais "no clima" de comprar.**
- **Durante a sua fala, o possível cliente fica atento, escutando o que virá depois.**
- **Durante a sua apresentação de venda de uma hora, os possíveis clientes não vão olhar o relógio NENHUMA VEZ.**
- **O "humor" faz a ponte entre profissional e amistoso.**

Tem humor? Para provocar risadas, eis algumas coisas que você precisa fazer:

1. **Teste o seu humor com um amigo para ter certeza de que é engraçado antes de fazer uma brincadeira.**
2. **É importante que o riso seja às suas próprias custas, não às custas dos outros.**
3. **Não tem graça? Estude o humor.**
3.5 **O ritmo correto é tudo. Estude os comediantes; eles sabem COMO e QUANDO soltar a frase engraçada e quanto deve durar a pausa.**

Além da escuta e do entendimento do possível cliente, a parte mais poderosa e nunca citada do riso é a *aprovação tácita*.

O riso do possível cliente é uma forma de concordância pessoal. Depois de receber aprovação tácita (isto é, ele gosta de você), só é preciso a aprovação verbal e você terá o pedido. Então, a piada é com a concorrência. Ho, ho, ho.

Jeffrey Gitomer

Que a piada seja com você...

Precisa ficar mais engraçado?
Vire um estudante do humor.

1. **Vá a apresentações de comédia**. Estude o ritmo e o modo de falar. Observe a reação do público. Veja o que faz as pessoas rirem. O que faz você rir?

2. **Assista a programas humorísticos na TV.** Os programas mais antigos tendem a ser mais engraçados. Anote o que tem graça. Pernalonga é engraçado. Ações, tom de voz, expressão facial, palavras, tipo de história.

3. **Leia livros de piadas ou livros engraçados.** O livro de piadas de Milton Berle é muito bom. Livros escritos por humoristas como Dave Barry, Art Buchwald e Lewis Grizzard são ótimos.

4. **Entre no Toastmasters**. Eles têm programas avançados sobre falar com humor.

5. **Observe e escute as crianças com muita atenção**. As crianças são naturalmente engraçadas em palavras e atos.

6. **Leia História**. A verdade costuma ser mais estranha e engraçada do que a ficção.

7. **Corra riscos no humor quando não tiver muito a perder — em casa, com amigos, no tribunal de divórcio, na prisão etc.**

8. **Convide um comediante profissional ou redator de piadas para almoçar**. Se investir tempo com profissionais, você aprenderá a formação do humor.

9. **Treine fazer gestos e caretas no espelho**. Se tiver coragem, use o retrovisor.

10. **Pegue o seu álbum do encerramento do ensino médio.** Por falar em humor, olhe a sua foto. Ou a da sua namorada.

11. **Faça aulas de teatro.** Esse é um bom jeito de sair da casca. Um amigo meu me disse que eu representava como um idiota. Respondi que não estava representando.

12. **Ouça no carro os seus comediantes favoritos.** Ponha para ouvir antes de fazer uma ligação de vendas para se animar (ou ter uma ideia).

13. **Comece a procurar o humor na sua vida cotidiana.** Tente apreciá-lo enquanto acontece, em vez de sempre em retrospecto.

14. **Treine exagerar os seus gestos e experimente novas posturas.** Muito humor vem da linguagem corporal. Tente ser engraçado sem dizer nada.

15. **Fique perto de gente engraçada.** É espantoso como o seu humor vai aumentar se você ficar na companhia de pessoas engraçadas.

15,5. **Ria muito.** Se quer levar a sério o humor, comece a rir e sorrir mais.

AÇÕES DO DESAFIO 7

DOMINE O HUMOR

- Leia e estude o capítulo oito de *O livro vermelho das vendas*, que você tem ou deveria ter, intitulado: "Se consegue fazê-los rir, pode fazê-los comprar".

- O humor é um modo de vida, não um tema.

- A minha filosofia sempre foi liderar com humor.

- Estude todos os tipos de humor. Não só para rir, mas para ver POR QUE faz você rir.

- Documente todas as coisas engraçadas que lhe acontecem e veja como encaixar na sua apresentação.

- Conte histórias, não piadas.

- Este capítulo está cheio de ouro. ESTUDE-O.

8
DOMINE A CRIATIVIDADE

A vida toda fui capaz de ter ideias e sempre me perguntei: ora bolas, como é que sou capaz de arranjar todas elas? Talvez porque leio livros sobre criatividade. Mas talvez seja mais do que isso.

Eis as coisas que faço além da minha rotina matinal. Individualmente, elas não são a raiz do meu processo criativo, MAS, em conjunto, são os elementos que permitem às minhas ideias emergirem ou aparecerem...

- **Eu me mantenho sóbrio**
- **Mando mensagens a mim mesmo**
- **Limito as distrações no celular e no computador**
- **Limito as notificações de mensagens**
- **Limito as distrações da TV**
- **Escrevo TUDO antes de me deitar**
- **Converso com gente inteligente**
- **Leio todo dia**
- **Escrevo todo dia**
- **Uso humor para me comunicar**
- **Dou palestras**
- **Mantenho uma atitude POSITIVA**

PENSE: Por que a criatividade é importante para você? O que ela pode fazer por você?

Vou tentar explicar da maneira mais fácil possível. Quando li o livro *Thinkertoys*, de Michael Michalko, tive um AHÁ! criativo. Aprendi que realmente podia criar ideias com base no jeito como olhava as coisas e com base no jeito como percebia as coisas.

No livro, há um modelo de criatividade chamado SCAMPER. É uma sigla das perguntas que você faz a si mesmo (ou a um grupo) para encontrar alternativas criativas a ideias comuns, coisas comuns ou jeitos antigos de olhar ou fazer as coisas.

Coisas como um logotipo, o cartão de visitas, as declarações de missão, as apresentações de vendas ou as ofertas de produto. Como olhar as suas coisas velhas e desgastadas? SCAMPER pergunta: O que você pode *substituir*? O que você pode *combinar*? O que você pode *adaptar*? O que você pode *modificar*? O que você pode *maximizar*? O que você pode *minimizar*? Que outros usos você pode *propor*? O que você pode *eliminar*? O que você pode *rearrumar*? Essas perguntas fazem a gente pensar em maneiras de ter uma ideia nova.

Thinkertoys, de Michael Michalko, é o melhor livro já escrito sobre criatividade. Consiga-o para si. Estude-o. O seu segundo livro, *Cracking Creativity*, é igualmente poderoso. Se quiser elementos mais avançados da criatividade, compre os livros de Edward de Bono sobre pensamento lateral e criatividade séria.

É uma ciência. Você pode aprender. Portanto, eis aqui o último livro sobre criatividade que quero dividir com você. Chama-se *Grande ideia!*, de Charles Chic Thompson. Veja, as ideias dominam quando você vai visitar um cliente ou quando tenta construir um relacionamento com um cliente.

Vamos pegar um cartão de visita que vi como exemplo extraordinário de criatividade. O cartão é a sacola de uma loja em Veneza, na Itália. A loja se chama Empresa. Tinha as roupas mais legais que já *vi* — e comprei. Na hora de pagar, enquanto o vendedor punha as minhas compras numa linda sacola vermelha, perguntei: "Você tem um cartão de visita? Gostaria de comprar mercadorias suas quando voltar aos Estados Unidos." Ele respondeu: "Claro". E me deu uma sacolinha minúscula. Vejam só! Então, pôs a notinha dentro da sacolinha-cartão de visitas.

Este é, de longe, um dos usos mais criativos de um cartão de visita.

"Estabeleça para si uma cota de ideias para um desafio em que esteja trabalhando, como cinco ideias novas por dia durante uma semana. Você vai descobrir que as cinco primeiras são as mais difíceis, mas que elas logo provocarão outras ideias. Quanto mais ideias você tiver, maior a probabilidade de encontrar a vencedora."

Michael Michalko,
Thinkertoys: Manual de criatividade em negócios

O poder negligenciado que pode ser o ponto fraco das suas vendas.

Vejo, logo aprendo.
Vejo, logo penso.

Aprendo e penso, logo raciocino e respondo.

O PODER: Esse é o poder da observação.

Como você aproveita esse poder?

Como classificaria o seu poder de observação?

O que você está olhando e como o que você vê influencia o seu mundo, a sua educação, as suas vendas, a sua carreira, o seu sucesso, a sua família e a sua vida?

OBSERVAÇÃO HISTÓRICA: Em 1939, quando terminou o melhor livro de vendas já escrito, *Quem vende enriquece* (*How to Sell Your Way Through Life*), Napoleon Hill incluiu o "hábito da observação" como uma das 28 qualidades que todo bom vendedor precisa possuir. Eis as palavras dele: *Hábito de observação. O supervendedor é um observador atento dos pequenos detalhes. Cada palavra pronunciada pelo possível comprador, cada mudança de expressão facial, cada movimento é observado, e seu significado é sopesado com exatidão. O supervendedor, além de observar e analisar com exatidão tudo o que o seu possível comprador faz e diz, também deduz com base no que ele não diz nem faz. Nada escapa à atenção do supervendedor!*

OBSERVAÇÃO HISTÓRICA: Dez anos atrás, as pessoas olhavam em volta e usavam o que viam para aprender e raciocinar. Para pensar e criar experiências. Para aprender lições e crescer. Lições de vida.

OBSERVAÇÃO ATUAL: Hoje, todo mundo tem smartphone e tablet. E o poder de observação está sumindo diante do canto da sereia eletrônica.

Sim, eu também olho o meu iPhone, mas estou tentando, conscientemente, limitar/reduzir ao máximo meu "tempo de olhar fixo". Só sou "notificado" (interrompido) quando o celular toca ou recebo uma mensagem.

Sim, uso os aplicativos necessários para me acordar ou me ajudar a me orientar. E uso o meu celular como câmera, para documentar o que observo e, às vezes, para publicar as minhas observações no Instagram (@jeffreygitomer, se estiver interessado no que vejo). Não recebo notificações de mídias sociais, de e-mails e de nenhum dos outros penduricalhos oferecidos pela sereia eletrônica.

RAZÃO: É na interrupção do pensamento que se perde a concentração.
RAZÃO: É na interrupção do pensamento que se perdem ideias.

Quando você olha uma coisa, quando observa uma coisa, uma forte reação mental é provocada SE você estiver concentrado.

- **Uma ideia.**
- **Uma experiência passada.**
- **Um fato que você queira transmitir.**
- **Você está desenvolvendo uma estratégia.**
- **Está captando um pensamento (da voz ao texto, por favor).**
- **Isso permite que você aprofunde a conversa.**
- **Ajuda a explicar o seu ponto de vista.**
- **Solidifica o seu pensamento.**
- **Você pode descobrir um motivo.**
- **Pode encontrar um terreno em comum.**
- **Pode construir afinidade.**
- **Pode até ter um momento AHÁ! a partir de pensamentos ou projetos inacabados.**

A observação é ver o que há em volta e também pensar no que há em você. Quando pensa e fita o espaço, talvez você não esteja olhando nada específico, mas a sua observação *mental* entrou em ação.

OBSERVAÇÃO DA REALIDADE: Vejo pessoas que saem do avião, dão de cara com a parede enquanto leem ou mandam mensagens e não acham estranho.

Com ou sem smartphone, a maioria das pessoas não observa nem, muito menos, presta atenção ao ambiente. O smartphone só aumentou meramente essa falta de observação; ele não a criou.

Qualquer que seja o resultado das suas observações, elas aumentam a sua riqueza. Riqueza ou conhecimento, experiência e argúcia.

A realidade é que estou escrevendo esse texto que terá milhões de visualizações, se transformará num vídeo no YouTube, aparecerá no meu boletim semanal por e-mail, se tornará uma lição de poder na GitomerLearningAcademy.com e, mais tarde, sairá num dos meus livros, enquanto a maioria fita o celular. E, embora eu perceba que essa é uma observação geral, não há dúvida de que o mundo se tornou muito menos observador nos últimos anos. Principalmente o mundo das vendas. Talvez até você.

A razão para eu escrever isso é que acabei de voltar de oito dias em Paris, justificadamente a cidade mais bonita do mundo, e a maioria não estava olhando. Cara, olhe o seu celular depois, VOCÊ ESTÁ EM PARIS!

Não importa o que eu recomendar; cada um de vocês que estão lendo isto vai justificar a própria situação e circunstância: velocidade de resposta, necessidade de se comunicar com os clientes, necessidade de informações imediatas ou o simples desejo de estar "por dentro" e "agora". Com a cabeça enterrada no celular. Sem prestar atenção ao mundo em volta, às coisas em volta. Enganando-se e perdendo a vantagem competitiva. Não se esqueça: essa é só a minha opinião.

- **Acesse o seu celular quando estiver sozinho em casa ou no escritório.**
- **Acesse as informações quando quiser, não quando ouvir um bipe.**
- **Desligue as notificações das mídias sociais durante o dia.**

OBSERVE BEM: Sim, a velocidade de resposta é importante, mas, se tiver de atender às notificações, use isso como *escolha* e não como *dever*.

LIÇÃO DO MENTOR: "Levante as antenas!", dizia o grande Earl Pertnoy, o meu mentor e amigo já falecido. Ele sorria enquanto falava. Foi um dos primeiros conselhos que me deu. "Preste atenção a todos os detalhes em volta. Pessoas e coisas", disse ele. Sempre prestei. Isso foi há 35 anos. Ainda presto.

Esse conselho simples e poderoso me ajudou a ganhar uma fortuna. E pode fazer o mesmo por você.

Como você usa o poder da primeira impressão?

Você terá A reunião. O presidente executivo concordou em recebê-lo.

Trinta minutos É a oportunidade que você esperava — e pela qual trabalhou.

Agora é a hora de deixar a sua apresentação perfeita... será mesmo?

Você acha sinceramente que o presidente executivo quer ouvir você falar sem parar durante meia hora sobre você, a sua empresa e o seu produto?

Em primeiro lugar, provavelmente ele ou ela vai decidir em cinco minutos ou menos se você é alguém com quem quer fazer negócios. Em segundo lugar, seja o que for que você venda, é grande a probabilidade de que ele/ela já conheça.

Agora é a hora de preparar um cumprimento, uma conversa de abertura e dez perguntas matadoras que o separem da concorrência.

E é melhor descobrir como será a breve conversa de abertura.

Você vai dar ao presidente executivo o lixo do seu cartão de visita? Ou, pior, a sua literatura?

Provavelmente, você acredita que tem o melhor produto ou serviço do mercado; agora, me diga se o seu cartão de visita é o MELHOR que já viu. E que o seu discurso é igual: O MELHOR.

Ah, sei. O seu discurso é autoelogioso, e o seu cartão de visita é algo entre uma piada e uma vergonha. Com certeza não é O MELHOR.

HISTÓRIA: Fiz a 500 plateias a pergunta: "Qual vocês acham que é o jeito mais poderoso de causar uma boa primeira impressão: com o meu cartão de visita ou com um exemplar autografado de um dos meus livros?"

Resposta unânime: "Com o seu livro." (E lembrem-se de que tenho um ÓTIMO cartão de visita.)

Depois, pergunto: "Qual vocês acham que é o jeito mais poderoso de causar uma boa impressão profissional: com o meu folheto ou com um exemplar autografado de um dos meus livros?" Resposta unânime: "Com o seu livro."

E, no dia seguinte, aquelas mesmas pessoas vão se apresentar com um cartão de visita e um folheto.

Não entendo.

Eu lhes dei a resposta de uma poderosa apresentação de negócios e eles não mudam nada.

Eles pensam: "Não tenho um livro" ou "Não escrevi um livro" ou "Sobre que assunto eu escreveria um livro?" Ou pensam: "Foi isso que a empresa me deu, e vou esperar até que ela me dê outra coisa", e esquece a ideia, embora fosse causar um impacto incrível na sua primeira impressão e na sua credibilidade. Em resumo, eles abrem mão da sua vantagem, do seu UAU.

Não entendo.

Os vendedores tentam se diferenciar. Procuram oferecer ao cliente algum valor além do produto ou serviço. Buscam algo que prove ao cliente que são superiores à concorrência. Reclamam que o seu produto está se transformando numa commodity (quer esteja, quer não). E não fazem nada para resolver.

Não entendo.
Você entende?
O que você se dispõe a fazer?

O que você se dispõe a mudar para que, quando conseguir aquela reunião com o presidente executivo, esteja pronto para causar uma ótima primeira impressão, uma primeira impressão que o diferencie e conquiste a venda?

Eis algumas coisas que você pode fazer para ajudar:

- **Mude o seu título.** Torne-o divertido, mas sério. Produtor de Lucros. Especialista em Produtividade. Criador de Grandes Ideias.
- **Imprima o seu próprio cartão.** Não pode ser pior do que o que você já tem. Use os dois — um pela imagem, o outro para provar a criatividade.
- **Leve uma ideia divertida.** Uma ideia que ajude o cliente.
- **Leve um livro divertido.** *Seuss-isms!* Um livrinho sobre a grande sabedoria do Dr. Seuss.
- **Leve um livro clássico curto.** Um livro de pensamentos que faça o presidente executivo pensar em si mesmo e lhe agradecer. *Campos de Diamantes* ou *Mensagem a Garcia*. A melhor fonte desses livros é www.executivebooks.com.
- **Escreva um documento envolvente sobre segurança, o setor deles, produtividade ou liderança.** Isso exigirá tempo e muito trabalho, e é por isso que a maioria dos vendedores não faz. Mas todo presidente executivo vai gostar e ler. Não se esqueça de autografar quando o der.
- **Leve uma ideia para melhorar ou aprimorar o negócio DELE.** Isso exige tempo, pesquisa e criatividade, mas fará você passar pela porta... e ficar lá dentro.

CUIDADO: Um dos erros maiores e mais fatais que os vendedores cometem é "esperar" que alguém lhes dê as suas ferramentas de venda. NÃO, não é assim que se fazem as grandes vendas. Não é assim que se engaja um presidente executivo. As grandes impressões, as grandes vendas são feitas — e feitas com frequência — com ferramentas que você mesmo se dá.

Tem ferramentas?
Pois as dê a si mesmo!

AÇÕES DO DESAFIO 8

DOMINE A CRIATIVIDADE

- Compre, leia e estude *Thinkertoys,* de Michael Michalko. É o melhor livro sobre criatividade do século XX. *Criatividade levada a sério*, de Edward de Bono, vem logo em segundo lugar.

- Compreenda que as IDEIAS são mais poderosas do que os slides. Leve ideias às reuniões.

- Estude a criatividade. É uma ciência: você pode aprender a ser criativo.

- Gere ideias todo dia. Algumas serão até boas!

- As ideias criam vantagem competitiva.

- As ideias começam como pensamentos e observações. PRESTE ATENÇÃO.

- Dê ideias pessoalmente, se possível.

9
DOMINE O TEMPO

Na década de 1890, quando escreveu *Alice no País das Maravilhas*, Lewis Carroll deu ênfase e valor à pontualidade.

É possível ver aqui as imagens da versão original ilustrada de 1890 de *Alice no País das Maravilhas*. O coelho que fala com Alice diz: "Estou atrasado. Estou atrasado para um encontro importantíssimo, sem tempo para dizer olá, adeus. Estou atrasado, estou atrasado." O capítulo se intitula "Na toca do coelho" — que, em inglês, é uma metáfora para algo que nos transporta para uma situação ou estado surreal (de um jeito positivo ou negativo).

Você usou uma toca de coelho para desperdiçar o seu tempo durante anos nessa coisa que acabamos de ter, esse vírus, sei lá. Provavelmente você maratonou tudo e queimou horas na televisão, quando poderia estar, deveria estar, *reservando* o seu tempo para algo mais produtivo, algo mais engenhoso, algo que realmente lhe trouxesse receita, construísse a sua reputação na internet ou tivesse valor para os seus clientes.

DESAFIO DO TEMPO: O tempo é o seu recurso mais valioso. No Novo Normal, *guarde* o seu tempo, não *gaste* o seu tempo: *invista o seu tempo*. No meu livro sobre produtividade, *Faça logo essa m*rda*, que você deveria ter, ler e estudar, há uma citação de Orison Swett Marden capaz de mudar vidas: "As pessoas não percebem o imenso valor de utilizar os minutos livres". Isso é do livro de Marden *Quem pensa que pode, pode*, de 1908.

Tudo bem, então estou falando de gastar o tempo em vez de investir o tempo. Acho que você consegue entender rapidamente esse conceito. Vou definir melhor...

Você já ouviu a expressão "Preparar, apontar, fogo"? O segredo é investir o seu tempo em *se aprontar* para *preparar*. Na sua preparação, você baseia a sua mentalidade na autoconfiança. Quando aponta, diz a si mesmo: "eu consigo". A sua atitude está certa. ENTÃO VOCÊ DISPARA. Você não dispara antes de se preparar e de apontar.

Eu? Eu tenho uma rotina matinal Sento-me na minha cadeira e faço cinco coisas. Leio, escrevo, me preparo. Isso me leva a pensar e criar, e faço isso há 25 anos. Durante uma hora por dia. **Ler, escrever, preparar-se, pensar, criar.**

A melhor maneira de entrar no clima da rotina matinal é...

- **Criar um espaço tranquilo e criativo.** Você precisa ter o seu próprio espaço.
- **Dedicar um período específico A VOCÊ todo dia.** Você, pronto para o seu tempo.
- **Entre no clima com algo inspirador para ler, ouvir ou assistir.**
- **Depois, comece e mergulhe no seu próprio pensamento e nas suas próprias ações.**

Em poucos dias, você começará a entender o poder dessas reuniões suas com você. Em poucas semanas, terá o hábito de fazê-las. Em poucos meses, estará no seu próprio clima — pensando, lendo, escrevendo e se preparando para ganhar por si. Vai descobrir jeitos novinhos em folha de investir o tempo e vencer.

Em algum momento da sua jornada, e você saberá quando o momento chegar, estará na hora de publicar e se aventurar no mundo virtual dos negócios. É o chamado tempo virtual, e o seu tempo virtual criará o tom do seu sucesso a longo prazo. Não o tempo de milhagem em aviões; o seu tempo virtual. Isso significa que você terá mais tempo para vender.

O que você terá de fazer é se autodisciplinar para ter tempo com sobriedade. Veja bem, nada de cerveja; é tempo de preparação, tempo de estudo, tempo de escrita. Literalmente, preparando o seu tempo. O meu pai sempre me disse: "filho, faça o dever de casa". Não na faculdade, mas na vida. Ele queria saber se eu estava preparado para a reunião que teria no dia seguinte, e sempre fiz o dever de casa. Fiz o dever de casa, pai. Às vezes, eu ligava com antecedência para lhe dizer que fizera um dever de casa incrível, e outras vezes consegui até lhe mostrar pessoalmente o dever de casa.

Clássico. Pois é.

AÇÕES DO DESAFIO 9

DOMINE O TEMPO

- Mais uma vez, a Rotina Matinal é fundamental para dominar essa habilidade.

- Eis as suas ordens... Crie um espaço tranquilo e criativo. Dedique um período específico A VOCÊ todo dia. Comece a entrar no clima com algo inspirador para ler, escutar ou assistir e depois entre e mergulhe no seu próprio pensamento e nas suas próprias ações. Isso DÁ O TOM da sua produtividade diária.

- Aloque o seu tempo; não tente gerenciá-lo.

- Faça o dever de casa. Prepare-se para o dia na noite anterior.

9,5
DOMINE-SE

Acabei de lhe dar nove elementos do Novo Normal e da nova economia que o desafio a dominar. Volte e estude cada um deles, mas, se me conhece, você sabe que sou o cara do 0,5, e este é o 9,5: Domine-se.

AO VIVO. VIRTUAL. EM VÍDEO.

Esses elementos NÃO são o novo pretinho básico; são o novo verde. Verde-dinheiro.

Vou compartilhar com vocês algumas palavras do maior discurso já feito. Martin Luther King Jr., no imortal discurso "Eu tenho um sonho". Quando disse "agora é hora...", ele falava daquela época e de agora. Vamos avançar quase seis décadas e provar a sua imortalidade e relevância até hoje...

- *Agora é a hora* de surgir como líder e vencedor.
- *Agora é a hora* de ser melhor para a sua família e os seus amigos.
- *Agora é a hora* de ser o melhor para os colegas e os clientes.
- *Agora é a hora* de construir a sua reputação e a sua plataforma social.
- *Agora é a hora* de dominar o vídeo e o mundo virtual.
- *Agora é a hora* de dominar a nova comunicação de vendas.
- *Agora é a hora* de dominar a criatividade e gerar ideias de valor.
- *Agora é a hora* DE COMEÇAR COM VOCÊ.

Para começar a se dominar, comece amando-se e acreditando em você. Essa é a mentalidade. E "Agora é a hora".

Quando se ama, você tem a possibilidade de ser o seu melhor. O meu mantra sempre foi: seja o melhor que puder para você primeiro; só então você poderá ser o melhor que puder para os outros.

O grande Jim Rohn disse que a educação formal lhe dará o sustento, mas a autoeducação lhe dará a fortuna. Você decide quanto dinheiro quer ganhar quando decide até que ponto quer se autoeducar. É simples assim. A questão é investir em si mesmo. É ser o melhor que puder para si. E *Agora é a hora*.

A questão é capturar o seu tempo egoísta, o seu tempo de marcar posição, o seu tempo de leitura, o seu tempo de escrita e fazer o tempo trabalhar para você. AGORA é a SUA hora.

Se quer emergir, você pode emergir como o que quiser nesse tempo. É um tempo novo em folha. Tudo está mudando. O mundo virtual está mudando. O vídeo está mudando. A escrita está mudando. As vendas estão mudando. Seja o líder, não o retardatário. Não fique sentado olhando as coisas emergirem. Não deixe passar essa oportunidade.

MELHOR MANEIRA: Pare de reclamar... Fiquei três meses em casa. Quer saber? Ninguém se importa. Ninguém se importa se o seu papel higiênico acabou. As pessoas se importam com o modo como você se preparou para emergir como uma pessoa melhor.

Em agosto de 1963, Martin Luther King Jr. fez o seu imortal discurso "Eu tenho um sonho" para quinhentas mil pessoas e para o mundo diante do Lincoln Memorial. Para mim, é o discurso mais importante e comovente dos Estados Unidos desde o Discurso de Gettysburg, que Lincoln fez depois da Guerra de Secessão. Nele, King desafiou o público a agir imediatamente quando disse "Agora é a hora!"

Espero que você esteja lendo ou ouvindo isso enquanto o mundo evolui pós-pandemia de 2020 — mesmo que seja em 2030. Espero que ainda esteja aberto a fazer o que é novo, agora e depois... Espero que ainda esteja procurando o que fazer por si mesmo, pela sua família, pelos seus amigos, pelas pessoas que você influencia, pelo seu negócio e pelos seus clientes e que se sinta inspirado a reagir e responder à ordem: Agora é a hora.

Agora é a hora!

Martin Luther King Jr.

Agosto de 1963

AÇÕES DO DESAFIO 9,5

DOMINE-SE

- Todas as coisas boas começam com VOCÊ.
- Leia, estude e implemente *O livro de ouro da atitude YES!*
- Comece o seu dia e o seu mundo com YES.
- Você não consegue dominar nada nem ninguém se não se dominar.
- Você não consegue amar ninguém se não se amar.

Arcabouço do sucesso
AO VIVO

Eis o que você precisa e o que precisa fazer...

Aplicativo gráfico de Visual Framework — identifique quem você quer que assista — crie conteúdo de valor com ideias e informações que as pessoas queiram — tenha um espaço e um cenário que pareça acolhedor, confortável e profissional — anuncie com estilo, tanto social quanto pessoalmente, às suas conexões — peça aos convidados que compartilhem — venda a sua mercadoria depois de um mês ou dois — nunca perca a hora marcada — engaje os participantes lhes fazendo perguntas e reagindo às suas respostas. Seja envolvente. Seja confiante. Seja exato. Seja valioso. Seja engraçado. Seja incrível.

DICA:
ASSISTA AO MEU PROGRAMA AO VIVO
Facebook.com/JeffreyGitomer
diariamente às 9h59 da manhã
FAÇA O QUE EU FAÇO

DESAFIO PESSOAL DO SUCESSO DAS LIVES DO AUTOR

Este livro não estaria completo se eu não lhe dissesse que tome cuidado e tenha consciência de como cuida de si mesmo. Saia dessa saudável. Não abuse de si mesmo. Mantenha-se em perfeita saúde. Relaxe. Você já está unido à sua família. Está feliz com isso? Reserve um tempo pessoal para si e para a sua família. Crie uma rotina diária que esteja ligada ao tempo.

Descubra-se, preste atenção em si e, depois, pode começar a prestar atenção a tudo o que houver em volta. É uma questão de concentração, de gratidão, de dedicação ao trabalho, de poder de observação e de autodisciplina pessoal.

Você tem de estar feliz por dentro e mostrar gratidão por fora, gratidão *às* pessoas e *pelas* pessoas, gratidão pelas amizades, gratidão pelas coisas, e honrar as pessoas ou as crianças que agradecem por você ser pai ou mãe.

Live! Jeffrey Gitomer 155

JEFFREY GITOMER
Rei das Vendas

Gitomer definição (gui-to-mer) s. 1. Escritor e palestrante criativo e empolgado cuja competência em vendas, lealdade do cliente e desenvolvimento pessoal tem renome mundial; **2.** conhecido por apresentações, palestras e seminários engraçados, informativos e objetivos; **3.** realista; **4.** excêntrico; **5.** acerta em cheio; e **6.** dá ao público informações que podem ser usadas na rua um minuto depois do fim do seminário e transformadas em dinheiro. Ele é o atual Rei das Vendas.

Ver também: vendedor.

ESCRITOR. Jeffrey Gitomer é autor dos best-sellers *A Bíblia das vendas, O livro vermelho das vendas, O livro negro do networking* e *O livro de ouro da atitude YES!* A maior parte dos seus livros chegou ao primeiro lugar nas listas de best-sellers da Amazon.com, como *Customer Satisfaction Is Worthless, Customer Loyalty Is Priceless, The Patterson Principles of Selling, O livro vermelho das vendas, O livro verde da persuasão, O livro prata do dinheiro em caixa – din din!, O livro azul da confiança, Boom de mídias sociais, Estratégico Livro da Liderança, 21.5 Unbreakable Laws of Selling* e *Sales Manifesto*. Os livros de Jeffrey foram citados mais de quinhentas vezes nas principais listas de mais vendidos, com milhões de exemplares no mundo inteiro.

MAIS DE 75 APRESENTAÇÕES POR ANO. Jeffrey dá seminários para empresas e público em geral, realiza reuniões anuais de vendas e organiza programas de treinamento virtual e presencial sobre vendas, atitude POSITIVA!, confiança, lealdade do cliente e desenvolvimento pessoal.

PRÊMIO DE EXCELÊNCIA EM APRESENTAÇÕES. Em 1997, Jeffrey recebeu a designação de Certified Speaking Professional (CSP) da National Speakers Association. O prêmio CSP foi concedido menos de quinhentas vezes nos últimos 25 anos e é o mais importante da entidade.

HALL DA FAMA DOS PALESTRANTES. Em agosto de 2008, Jeffrey passou a integrar o Speakers Hall of Fame da National Speakers Association. A designação CPAE (Counsel of Peers Award of Excellence, prêmio de excelência do conselho de pares) homageia palestrantes profissionais que chegaram ao escalão superior de excelência em desempenho. Cada candidato tem de demonstrar o domínio de sete categorias: originalidade do material, exclusividade do estilo, experiência, execução, imagem, profissionalismo e comunicação. Até hoje, 191 grandes palestrantes do mundo foram homenageados, como Ronald Reagan, Art Einkletter, Colin Powell, Norman Vincent Peale, Earl Nightingale e Zig Ziglar.

MÍDIAS SOCIAIS PROFISSIONAIS

@JEFFREYGITOMER

TREINAMENTO EM VENDAS ONLINE E DESENVOLVIMENTO PESSOAL. A Gitomer Learning Academy é só Jeffrey, o tempo todo. Contém as ideias de Jeffrey, as suas estratégias e informações práticas de venda no mundo real, que partem de uma avaliação baseada em habilidades e oferecem um curso interativo com certificação. É motivação e reforço constante em vendas, com capacidade de acompanhar, medir e monitorar o progresso e as conquistas. Visite GitomerLearningAcademy.com.

SALES CAFFEINE. *Sales Caffeine*, o boletim semanal gratuito de Jeffrey, é um chamado à ação toda manhã de terça-feira para mais de 250.000 assinantes. Você pode assinar em www.gitomer.com/sales-caffeine.

PODCAST *SELL OR DIE*. Jeffrey Gitomer e Jennifer Gluckow transmitem os seus conhecimentos sobre vendas e desenvolvimento pessoal no podcast *Sell or Die (em inglês)*. No mundo em constante mudança de hoje, ainda há uma constante única: vender ou morrer. Sintonize no iTunes ou no seu aplicativo favorito de podcasts; basta procurar *Sell or Die (em inglês)*.

A evolução do vídeo se tornou a revolução do vídeo. Fazer LIVES não é mais opcional. É essencial.

Jeffrey Gitomer

Fazer LIVES não é o novo pretinho básico, é o novo verde. Verde-dinheiro.

Jeffrey Gitomer